_____ 님의 소중한 미래를 위해
이 책을 드립니다.

처음 방콕에 가는 사람이 가장 알고 싶은 것들

처음 방콕에 가는 사람이
가장 알고 싶은 것들

잊을 수 없는 내 생애 첫 방콕 여행

| 김인현 지음 |

원앤원스타일

원앤원스타일 우리는 책이 독자를 위한 것임을 잊지 않는다.
우리는 독자의 꿈을 사랑하고,
그 꿈이 실현될 수 있는 도구를 세상에 내놓는다.

처음 방콕에 가는 사람이 가장 알고 싶은 것들

초판 1쇄 발행 2016년 7월 1일 | **초판 2쇄 발행** 2018년 1월 3일 | **지은이** 김인현
펴낸곳 ㈜원앤원콘텐츠그룹 | **펴낸이** 강현규·박종명·정영훈
책임편집 심보경 | **편집** 이가진·이광민·김윤성
디자인 최정아·홍경숙 | **마케팅** 안대현
등록번호 제301-2006-001호 | **등록일자** 2013년 5월 24일
주소 04591 서울시 중구 다산로 16길 25. 3층(신당동, 한흥빌딩) | **전화** (02)2234-7117
팩스 (02)2234-1086 | **홈페이지** www.1n1books.com | **이메일** khg0109@hanmail.net
값 15,000원 | **ISBN** 979-11-6002-011-3 13980

원앤원스타일은 ㈜원앤원콘텐츠그룹의 건강·취미·여행·실용 브랜드입니다.
잘못 만들어진 책은 구입하신 서점에서 교환해 드립니다.
이 책을 무단 복사, 복제, 전재하는 것은 저작권법에 저촉됩니다.

이 도서의 국립중앙도서관 출판시도서목록(CIP)은 e-CIP홈페이지(http://www.nl.go.kr/ecip)에서
이용하실 수 있습니다.(CIP제어번호 : CIP2016013807)

여행은 끝났는데
길은 시작되었다.

• 게오르그 루카치(철학자) •

지은이의 말

여행자들을 위해 준비된 도시, 방콕 3박 4일간의 여행기

　방콕을 두어 번 다녀왔을 때였다. 파타야와 푸켓을 가는 길에 잠깐 들러 왕궁을 구경하고 식당을 방문해 식사하는 패키지 여행의 일부였다. 가이드의 안내에 따라 투어 버스를 타고 왕궁을 방문해 둘러본 뒤 다시 버스를 타고 식당으로 이동했다. 온전히 방콕을 느낄 시간도 없이 관광을 마치고 휴양지로 떠났다. 나도 목적지가 휴양지였던지라 방콕이라는 도시가 큰 감흥 없이 다가왔다.
　그러다가 시간이 어정쩡하게 남았는데 딱히 갈만한 도시도 없어서, 그저 여유시간에 적당한 도시를 찾다가 마지못해 선택한 도시가 방콕이었다. 내 버킷리스트에는 들어있지도 않은 동남아시아의 작은 도시, 이미 패키지로 다녀와서 별 느낌도 없던 도시가 방콕이었다. 그런데 첫발을 내디딘 순간, 충격에 빠지고 말았다. 못 살고 가난한 나라, 동남아시아의 작고 초라한 나라의 수도라는 편견에 사로잡혀 있던 방콕은 내 기억과 너무나도 많이 달랐다. 늦은 밤 공항에 도착해 시내로 들어가는 택시 안에서 내가 알고 있던 방콕이 맞는지 의심하기 시작했다. 휘황찬란한 야경, 고층빌딩들이 즐비한 풍경이 나를 맞이했기 때문이다. 무시하고 만만하게 여긴 도시의 이미지는 여지없이 사라지고 이날 이후 방콕을 다시 보게 되었다.
　방콕은 서울과 다를 바 없이 발달한 도시였다. 도심의 쇼핑몰마다 명품이 넘쳐나고 사람들로 북적거렸다. 아속과 나나, 시암을 오가면서 명동 거리에 서 있는 듯한 착각에 빠져들었다. 그러다가 카오산로드에 들어서는 순간, 새로운 충격이 찾아왔다. 허름한 뒷골목과 같은 풍경, 수많은 여행자가 유유자적한 삶을 즐기는 거리가 내 눈앞에서 펼쳐졌다. 카오산로드는 밤이면 여행자들이 쏟아져 나와 자신의 에너지를 분출하는 해방구가 되는 곳이었다. 카오산로드에서 온전히 하루를 보낸 뒤에는 방콕에 빠져들기 시작했다. 그러면서 아예 숙소를 카오산로드로 옮기고, 이곳에서 온전히 여행자의 시간을 보냈다.

　방콕에 홀딱 반한 나는 잠시라도 짬이 나면 자연스럽게 방콕행 비행기에 몸을 실었다. 숙소는 자연스럽게 카오산로드 인근의 게스트하우스였고, 한번 떠나면 사나흘은 물론 한 달 이상을 꼬박 카오산로드를 어슬렁거리기도 했다. 특별한 일정이 없으면 땡모반을 마시면서 카오산로드와 그 인근을 누비고 다녔다. 차오프라야 강을 오르내리며 선착장 주변 관광지들을 배회했다. 그럴수록 방콕은 더 친근한 도시가 되었고, 또 다시 오고 싶은 도시가 되었다. 싸고 다양한 먹거리, 저렴하고 시설 좋은 숙소, 친절한 현지인들 등 이 모든 것들이 나를 사로잡았다. 택시기사들의 잦은 바가지요금과 나를 유혹하는 왕궁 주변 사기꾼들의 설레발들이 귀여워 보이기까지 했다. 나는 주변 친구들에게 방콕 전도사를 자처했고, 아유타야에서 찍은 사진을 보고 그곳에 데려다달라는 친구와 함께 방콕을 방문하는 일도 잦아졌다.

　이 책은 그런 과정들을 거치면서 만들어진 기록이다. 잦은 방문을 통해 발견한 나만의 장소들, '태사랑'에서 얻은 정보를 재확인한 기억들, 그리고 다양한 여행자와 함께 만든 또 다른 추억들, 그 모든 것이 이 책을 만드는 좋은 재료가 되었다. 특히 단톡방이 만들어지고 수많은 여행자들이 모이면서 시작된 방콕의 또 다른 시간도 큰 도움이 되었다. 방콕에서 만나 함께 시간을 보낸 수많은 사람들 덕에 이 책은 더욱 풍성해졌다. 갈 때마다 걸쭉한 입담으로 손님들에게 방콕을 안내하는 '풀 호스텔' 사장님, 환한 웃음으로 질문에 답해주던 '홍익여행사' 사모님, 더위에 지쳤을 때 시원한 김치말이 국수로 속을 풀어주던 '동대문'을 떠올릴 때마다 방콕이 더욱 그리워진다. 그리고 다양한 사진과 자료를 제공해준 태국관광청 서울사무소와 급히 필요한 사진을 사용할 수 있도록 허락해준 블로거 김작 님과 비밀이야 님에게 이 자리를 빌려 감사드린다. 마지막으로 늘 곁에서 동행이 되어주는 JJ에게도 사랑의 마음을 전한다.

　방콕은 속살을 만나고 나면 더욱 깊게 빠져드는 도시다. 사람들은 방콕을 두고 "한 번도 안 가본 사람은 있어도 한 번만 다녀간 사람은 없다."라고 이야기하고는 한다. 그 말대로 한번 빠져들면 헤어 나올 수 없는 마성의 도시인 방콕을 처음 방문하는 여행자들에게 이 책이 친절한 입문서가 될 수 있었으면 좋겠다.

김인현

contents

지은이의 말　여행자들을 위해 준비된 도시, 방콕 3박 4일간의 여행기　006

PART 1　자유로운 도시 방콕, 내 생애 첫 여행

01 방콕 기본 정보　014

02 방콕 여행 준비　018
여권 및 비자 만들기 | 항공권 구입하기 | 숙소 예약하기 | 예산 세우기 | 짐 꾸리기 | 환전하기 | 여행자보험 | 면세점 쇼핑하기 | 방콕 여행정보 사이트 | 해외 인터넷 데이터 로밍

03 방콕 떠나볼까?　028
한국 출국 | 방콕 입국 | 공항에서 시내로 가기 | 방콕 출국

04 방콕 교통정보　036
지상철 | 지하철 | 미터 택시 | 버스 | 툭툭 | 오토바이 택시 | 수상보트 | 크롱 쌘쌥 보트

05 유용한 애플리케이션　048

PART 2　여행자들의 천국, 방콕 3박 4일간의 여행기

첫째 날, 슬렁슬렁 걸으며 즐기는 도심, 시암

01 주말에만 만날 수 있는 태국 최대 규모의 시장, 짜뚜짝 주말 시장　056
짜뚜짝 주말 시장, 어떻게 가야 할까? | 짜뚜짝 주말 시장, 어떻게 즐겨볼까?

02 오색빛깔 실크로 만나는 방콕, 짐 톰슨의 집　062
짐 톰슨의 집, 어떻게 가야 할까? | 짐 톰슨의 집, 어떻게 즐겨볼까?

03 BTS가 서로 교차하는 방콕의 명동, 시암　070
시암, 어떻게 가야 할까? | 시암 한눈에 보기 | 시암, 어떻게 즐겨볼까?

04 방콕 속 작은 중국을 느낄 수 있는 곳, 차이나타운　084
차이나타운, 어떻게 가야 할까? | 차이나타운, 어떻게 즐겨볼까?

05 활기찬 낮과 화려한 밤의 두 가지 얼굴을 가진 곳, 나나와 아속 094
나나와 아속, 어떻게 즐겨볼까?

방콕, 무엇을 먹을까?

01 게와 카레의 환상적인 조합, 솜분 시푸드 100
솜분 시푸드, 어떻게 가야 할까?

02 태국식 치킨도 맛볼 수 있는 솜땀 전문점, 솜땀누아 104

03 한자리에서 다양한 음식을 맛볼 수 있는 푸드 코트, 피어 21 106

04 저렴한 가격으로 즐기는 샤브샤브와 스시, 샤브시 108

05 망고 디저트의 수준을 한 단계 높인 가게, 망고 탱고 110

아주 특별한 방콕

시원한 바람으로 맞이하는 야경 명소, 버티고 앤 문바 112
버티고 앤 문바, 어떻게 가야 할까?

둘째 날, 다 같이 한바퀴 돌자, 왕궁

01 에메랄드 불상이 있는 영험한 불교 사원, 왓 프라깨오 122
왓 프라깨오, 어떻게 가야 할까? | 왓 프라깨오와 왕궁 한눈에 보기 |
왓 프라깨오, 어떻게 즐겨볼까? | 왓 프라깨오, 주변 살펴보기

02 태국에서 가장 성스럽고 존엄한 공간, 왕궁 138
왕궁, 어떻게 가야 할까? | 왕궁, 어떻게 즐겨볼까?

03 오늘날까지도 방콕을 지탱하는 상징적인 힘, 락 무앙 146
락 무앙, 어떻게 가야 할까? | 락 무앙, 어떻게 즐겨볼까?

04 길이 46m의 거대한 와불상이 있는 사원, 왓 포 152
왓 포, 어떻게 가야 할까? | 왓 포, 어떻게 즐겨볼까?

05 무지갯빛이 찬란한 새벽 사원, 왓 아룬 162
왓 아룬, 어떻게 가야 할까? | 왓 아룬, 어떻게 즐겨볼까?

방콕, 무엇을 먹을까?

01 여행자라면 지나칠 수 없는 태국식 샤브샤브, MK 레스토랑 170

셋째 날, 낮보다 화려한 밤, 카오산로드

01 전 세계 여행자의 발자취가 닿는 천국, 카오산로드(낮) 176
카오산로드, 어떻게 가야 할까? | 카오산로드(낮), 어떻게 즐겨볼까? | 카오산로드, 주변 살펴보기

02 못 하나 없이 완성한 티크목 왕궁, 위만멕 궁전 186
위만멕 궁전, 어떻게 가야 할까? | 위만멕 궁전, 어떻게 즐겨볼까?

03 아름다운 조명과 야경으로 만나는 유럽풍 쇼핑몰, 아시아티크 196
아시아티크, 어떻게 가야 할까? | 아시아티크, 어떻게 즐겨볼까?

04 낮보다 더 흥겨우며 풍부한 즐거움이 있는 곳, 카오산로드(밤) 204
카오산로드(밤), 어떻게 즐겨볼까?

방콕, 무엇을 먹을까?

01 정갈해서 맛있게 맛볼 수 있는 중화요리, 홍콩누들 212

02 간판은 없지만 유명해서 찾기 쉬운 맛집, 어묵국수집 214

03 쫀득 국수로 유명한 카이산로드 3대 국수집, 쿤댕 꾸어이잡 유안 216

04 저렴하게 한 끼 식사를 해결할 수 있는 식당, 탐마삿대학교 구내식당 218

아주 특별한 방콕

강 위에서 낭만을 항해하며 즐기는 경치, 디너크루즈 220
디너크루즈 선착장, 어떻게 가야 할까? | 디너크루즈, 어떻게 즐겨볼까?

넷째 날, 하루의 일탈을 누려라, 방콕 외곽 투어
01 전 세계에서 가장 위험천만한 시장, 매끌롱 시장 **236**
02 물 위에서 모든 것을 살 수 있는 시장, 담넌사두악 수상시장 **240**

방콕, 무엇을 먹을까?
01 지역 음식으로 맛보는 방콕 현지 분위기, 수다 레스토랑 **244**

PART 3 역사가 충만한 방콕 근교 여행, 어디가 좋을까

01 화려했던 역사의 증언자가 된 세계 문화유산, 아유타야 **248**
아유타야 한눈에 보기 | 아유타야, 어떻게 즐겨볼까?

02 참혹한 전쟁이 남긴 기록이자 상흔의 도시, 깐짜나부리 **256**
깐짜나부리 한눈에 보기 | 깐짜나부리, 어떻게 즐겨볼까?

『처음 방콕에 가는 사람이 가장 알고 싶은 것들』 저자와의 인터뷰 **268**

특별 부록 방콕 시내 지도

PART 1

자유로운 도시 방콕,
내 생애 첫 여행

태국의 수도인 방콕은 '크룽텝 마하나콘 보원 라타나꼬신 마한따라 아유타야 마하딜록 뽑놉빠랏 랏차타니 부리롬 우돔랏차니웻 마하싸탄 아몬 피만 아와딴 사티 사카타띠야 위쓰누 캄프라삿(กรุงเทพ กรุงเทพมหานคร อมรรัตนโกสินทร์ มหินทรายุธยามหาดิลก ภพนพรัตน์ ราชธานีบุรีรมย์ อุดมราชนิเวศน์ มหาสถาน อมรพิมาน อวตารสถิต สกกะทัตติยะ วิษณุกรรมประสิทธิ์)'이라는 길고 긴 이름을 지니고 있다. '천사의 도시, 위대한 불멸의 도시, 9개의 보석을 지닌 고귀한 도시, 왕이 사는 곳, 왕궁의 도시, 사람의 모습을 한 신들의 고향, 인드라의 명령을 받은 비슈누 카르마가 세우신 도시'라는 뜻을 지닌 이 이름은 세계에서 가장 긴 도시 이름으로 기네스북에 등재되어 있다. 하지만 지금은 잘 사용하지 않고 '크룽텝 마하나콘' 또는 '크룽텝'이라 줄여 부르거나 '방콕(Bangkok)'이라는 일반적인 이름으로 더 많이 불린다.

천만 명이 넘는 인구가 사는 대도시이기도 한 방콕은 아시아 여행의 중심이 되는 곳이다. 이는 방콕이 매력적인 여행지이기도 하지만 지리적 이점도 있기 때문이다. 무엇보다 태국은 동남아시아 한가운데에 자리 잡고 있어 라오스·캄보디아·미얀마 등과 국경을 마주하고 있다. 도로와 철도 등 다양한 육상 교통으로 연결되어 여행자들이 편리하게 베트남이나 중국 여행을 할 수 있다. 또한 인도·유럽·호주·남아프리카공화국 등 다양한 나라로 가는 항공편이 연결되어 있어서 어느 나라로든 빠르게 이동할 수 있는 곳으로도 유명하다.

온화한 기후와 저렴한 물가는 자연스럽게 여행자들을 불러들였으며, '타이(Thai)'라는 나라 이름이 태국어로 '자유'를 의미하듯, 단 한 차례도 외세의 지배를 받은 적이 없었던 태국은 이러한 낯선 외국인 여행자들의 방문을 물 흐르듯이 받아들였다. 그러다 보니 방콕은 수많은 배낭 여행자가 중간 기착지로 활용하고 있으며, 인근 지역을 여행하던 여행자들이 휴식을 취하거나 새로운 여행 정보를 얻기 위해 들르는 곳으로도 유명하다. 실제로 여행자의 천국으로 불리는 카오산로드에는 전 세계에서 모여든 여행자들이 거대한 커뮤니티를 형성하고 있다.

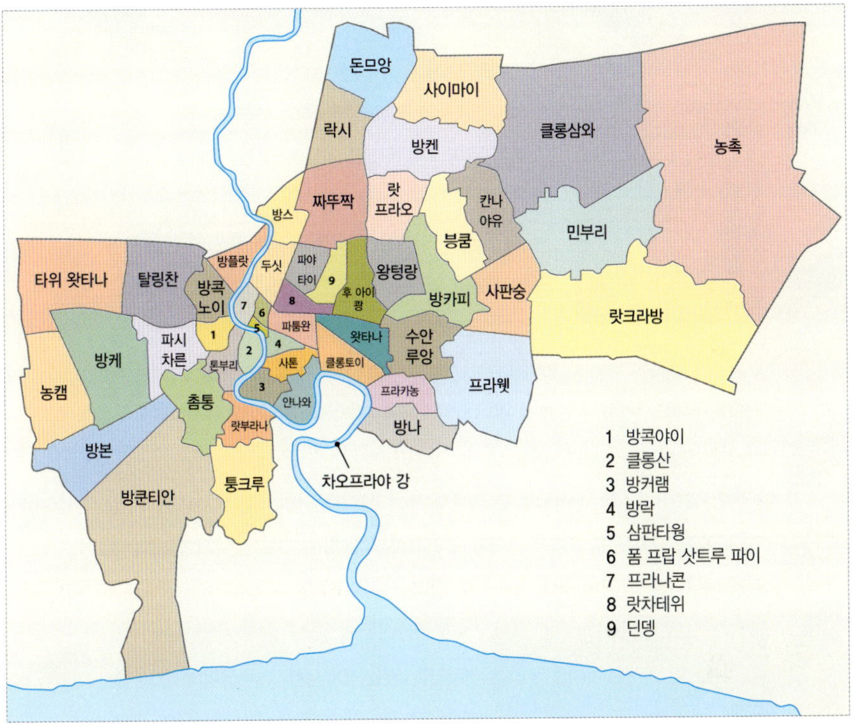

[지도: 방콕 행정구역]

1 방콕야이
2 클롱산
3 방커램
4 방락
5 삼판타웡
6 폼 프랍 샷트루 파이
7 프라나콘
8 랏차테위
9 딘댕

태국은 불교국가이자 국왕이 있는 나라다. 태국의 국왕은 국민들에게 살아있는 부처로 추앙받기 때문에 그와 관련된 모든 것이 신성시된다. 이에 따라 국왕과 관련된 것을 훼손하거나 그의 권위에 대항하는 행위는 처벌을 받게 된다. 이는 태국인뿐만 아니라 여행자들에게도 동일하게 적용된다. 방콕을 여행하다 보면 도로변에서 국왕의 초상화를 자주 볼 수 있는데, 이 초상화에 손가락질이나 욕을 하거나 초상화를 훼손할 경우 왕정 모독죄가 적용되어 최소 3년에서 최고 15년에 이르는 징역형에 처해진다. 실제로 국왕의 초상화에 다섯 차례에 걸쳐 검은색 페인트를 칠한 프랑스인에게 징역 75년형이 선고되기도 했다.

- ▶ **나라 이름:** 태국 왕국(Kingdom of Thailand)
- ▶ **국왕:** 라마 9세 푸미폰 아둔야뎃(Bhumibol Adulyadej)
- ▶ **수도:** 방콕(Bangkok)
- ▶ **언어:** 공식 언어는 태국어이지만 중요한 관광지에서는 대부분 영어로 소통할 수 있다.
- ▶ **종교:** 국민의 95%가 불교신자다.
- ▶ **기후:** 연평균 28℃ 내외로 더운 날씨가 계속된다. 특히 6~10월 사이는 우기라서 하루 1~2회의 스콜성 소나기가 내린다. 건기는 11~2월 사이다.
- ▶ **시차:** 한국보다 2시간 느리다.
- ▶ **전압:** 220~240V, 50Hz로 한국에서 쓰는 전자제품을 그대로 사용할 수 있다. 하지만 방콕은 호텔에서 11자형 플러그를 사용하는 곳도 많아서 젠더나 여행용 어댑터를 미리 준비해가는 것이 좋다.

- ▶ **통화:** 태국의 공식 화폐는 밧(Baht, 이하 B)으로, 1B는 100사땅(Satang)이다. 25사땅, 50사땅, 1B, 5B, 10B까지는 동전이며, 지폐는 20B, 50B, 100B, 500B, 1천B이 있다.
- ▶ **환율:** 1USD=약 37B, 1B=약 33원(2016년 5월 기준)
- ▶ **환전:** 시내 곳곳에 환전소가 있다. 최근에 한화를 환전해주는 곳이 늘어나기는 했지만 아직도 한화 환전이 안 되는 곳이 많다. USD는 어디에서도 자유롭게 환전이 가능하니 B과는 별도로 USD를 환전해가면 좋다.

태국에서 승려는 국왕 다음으로 신성시된다. 그래서 승려들과의 신체 접촉은 금지되며, 특히 여성의 경우 승려와 같은 의자에 앉는 것조차 금지되기 때문에 주의해야 한다. 또한 머리는 신체의 가장 높은 부분에 있어서 신성한 것이라 여기기 때문에 아이가 귀엽다고 머리를 쓰다듬는 행위도 절대 하면 안 된다.

▶**팁**: 호텔과 고급 레스토랑에서 20~50B 정도의 팁을 주는 것이 좋다. 호텔을 나설 때 침대 위에 팁을 올려놓거나, 거스름돈의 일부를 팁으로 건네기도 한다. 팁이 계산서에 포함되어 있을 경우에는 별도로 팁을 줄 필요가 없다.

▶**치안**: 전반적으로 안전한 도시이기는 하지만 혹시 모를 사고를 대비해 자기 안전은 스스로 챙겨야 한다. 소매치기와 오토바이 날치기가 극성이다 보니 현금과 카메라, 귀중품 등 개인 소지품 관리에 주의해야 한다. 특히 낯선 골목을 걷거나 늦은 시간에 어두운 곳을 이동한다면 주의하는 것이 좋다.

▶**주요 기관 연락처**

대사관: 02-247-7537~39(일과 후 081-914-5803)
대사관 영사과: 02-247-7540~1
한국관광공사: 02-231-3895~6   한인회: 02-258-0331~2

▶**긴급 연락처**

관광경찰: 1699   경찰: 191, 123   화재 신고: 199
테러 관련 신고: 1195   교통사고 신고: 1669   긴급의료지원: 02-207-6000
앰뷸런스 요청: 02-354-8222

▶**한국어 통역원 보유 병원 연락처**

방콕 제너럴 병원(Bangkok General Hospital): 02-310-3300
범룽랏 병원(Bumrungrad Hospital): 02-667-1000
방콕 크리스찬 병원(Bangkok Christian Hospital): 02-625-9000
사마티빗 병원(Samitivej Hospital): 02-392-0011~9

Tip 1

태국에서는 화장실 사용시 비용을 지불해야 한다. 숙소·공항·쇼핑몰·백화점 등에서는 한국처럼 무료로 사용이 가능하지만, 공중화장실은 2~3B을 내야 한다. 또한 화장지가 종종 비치되어 있지 않으니 미리 준비하자.

Tip 2

방콕의 도로 체계는 우리나라와 반대다. 차량은 좌측으로 통행하고, 운전석은 오른쪽에 있다. 그래서 횡단보도를 건널 때 왼쪽만 보고 길을 건너다 오른쪽에서 오는 차량을 보지 못해 사고로 이어지는 경우가 많다. 좌측은 물론 우측도 꼼꼼히 살핀 후 건너는 것이 좋다. 아울러 오토바이는 방콕에서 주요 교통수단이기 때문에 차에서 내릴 때 오토바이를 특히 주의해야 한다.

1. 여권 및 비자 만들기

여권 만들기

이미 여권이 있다면 유효기간을 확인해야 하고, 없다면 출국 전에 만들어야 한다. 해외여행을 가는 사람은 여권의 유효기간이 6개월 이상 남아 있어야 한다. 출발 직전에 유효기간이 몇 개월밖에 남지 않은 것을 알았다면 비행기 탑승은커녕 예약해둔 모든 비용을 고스란히 날릴 수도 있다.

　서울시내 일부 구청과 지방 시청 및 도청에서 여권 발급업무를 맡고 있으니 거주지와 관계없이 가까운 발급기관에 신청하면 된다. 보통 10일 이상 소요되지만 발급업무를 맡은 기관에 따라 그 이상이 걸리기도 하고, 성수기에는 한 달 이상 걸리는 경우도 많다. 여행을 계획중이라면 서둘러서 발급받아야 한다.

비자 만들기

1981년에 태국과 한국은 사증면제협정을 맺었다. 그래서 한국인은 관광을 목적으로 하는 경우에 한해 90일간 비자 없이 태국에 체류할 수 있다. 하지만 그 이상 체류할 예정이라면 반드시 태국 내무부 이민국을 통해 체류 연장 허가를 받아야 한다. 체류기간을 연장할 경우 1,900B을 수수료로 지불해야 한다.

> **Tip**
> 태국에서는 한국 여행자들을 부러워하는 외국 여행자들을 자주 보게 된다. 90일간 비자면제를 받을 수 있는 국가가 많지 않기 때문이다. 미국·영국·일본·독일·프랑스 등 대부분의 국가가 30일간만 비자를 면제받는다. 그러다 보니 장기 체류하는 다른 나라 여행자들은 30일에 한 번씩 인근 국가로 출국했다가 돌아오는 비자런(Visa Run)으로 비자를 연장하기도 한다. 최근 태국 정부가 비자런을 단속하면서 한국 여행자들은 더욱 부러움의 대상이 되었다.

2. 항공권 구입하기

최근에는 항공권을 판매하는 여행사들이 늘어나서 어디서나 쉽게 저렴한 항공권을 구할 수 있다. 웹투어, 투어익스프레스 등 여행사 사이트나 인터파크, G마켓 등 인터넷 쇼핑몰에서도 할인항공권을 판매한다. 출발 날짜가 오래 남아 있을수록 좀 더 저렴한 항공권을 구할 수 있으니 여러 사이트를 둘러보면서 가격을 비교해보는 것이 좋다.

항공권 실시간 가격 비교 예매 사이트
웹투어: www.webtour.com
투어익스프레스: www.tourexpress.com
인터파크 투어: tour.interpark.com
G마켓: tour.gmarket.co.kr

>
> 태국은 취항하는 항공편이 많아서 선택할 수 있는 폭이 넓다. 우리나라의 저가항공편들뿐만 아니라 동남아시아의 저가항공편들도 방콕으로 취항하기 때문에 가격과 시간에 맞춰 저렴한 항공권을 예약할 수 있다. 이때 어느 공항으로 도착하는지를 반드시 확인해야 한다. 우리나라에 인천국제공항과 김포국제공항이 있듯이 방콕도 수완나품국제공항과 돈므앙국제공항이 있다. 대부분의 항공편이 수완나품국제공항으로 들어가지만 에어 아시아 등 일부 항공사는 돈므앙국제공항으로 들어간다.

3. 숙소 예약하기

방콕은 호텔의 천국이라고 부를 만큼 숙박시설이 많고 가격의 등락폭이 크다. 게다가 카오산로드나 시내의 일부 지역에서는 저렴한 가격으로 게스트하우스도 영업중이다. 우리나라 돈으로 계산했을 때 몇 천 원에 하룻밤을 보낼 수 있는 도미토리와 1만 원 안쪽의 저렴한 싱글 룸도 많다.

아고다나 호텔스컴바인 등의 호텔 예약 사이트를 통해 한국에서 출발할 때부터 미리 숙소를 예약해도 되지만, 조금 오래 머물 예정이라면 처음 2~3일만 예약을 하고 나머지는 현지에 가서 상황에 맞게 예약해도 된다. 방콕은 교통편이 좋지 않아 여행 계획이 자주 바뀌기도 하니 상황이나 일정에 따라 유동적으로 숙소를 선택하는 것도 좋은 방법이다.

호텔 가격 비교 예약 사이트
아고다: www.agoda.com/ko-kr
호텔스컴바인: www.hotelscombined.co.kr
호텔패스: www.hotelpass.com
에어비앤비: www.airbnb.co.kr
싸왓디닷컴: www.sawadee.com
호텔타일랜드: www.hotelthailand.com
아시아트래블: www.asiatravel.com/thailand
E호텔부킹: www.ehotelbooking.com

4. 예산 세우기

항공권과 숙소를 예약했다면 이제 여행 경비를 계획해보자. 현지에서 사용해야 할 교통비와 식비, 각종 시설의 이용료와 입장료 등이 지출의 대부분일 것이다. 숙소를 예약하지 않았다면 현지에서 상황에 따라 숙박비를 지불하면 된다. 한화 5만~10만 원 내외의 호텔이나 5천~1만 원 내외의 게스트하우스 등을 선택하면 된다. 10만 원대의 호텔이라면 국내 특급 호텔 수준이다.

대개 교통비는 택시를 이용하는 과정에서 발생한다. 지하철(MRT)나 지상철(BTS) 등을 이용하기도 하지만, 의외로 걷는 일이 많은 방콕 관광의 특성상 하루 100B 선이면 교통비로 적당하다. 하지만 택시를 타는 과정에서 바가지를 쓸 수 있으니 여윳돈을 포함해서 하루 150~200B 정도를 생각해두자.

식비는 방콕이 한국보다 저렴하다. 저렴하고 가벼운 식사는 한 끼에 50~100B 정도이지만 비싼 음식은 300B가량 하는 것도 있다. 큰 비용이 들어가는 것은 관광지 입장료와 방콕 인근의 관광지로 가는 패키지 비용이다. 왕궁이나 관광지 입장료, 크루즈, 루프탑바, 각종 쇼 등의 비용이 상대적으로 비싼 경우가 많다. 방콕 인근으로 가는 반나절 혹은 하루 코스의 패키지 여행 비용 역시 만만치 않다. 다만 아유타야·치앙마이·파타야 등으로 갈 경우 개별 교통편을 이용할 수도 있지만 여행사 프로그램을 이용하는 것이 유리하다. 어디를 둘러볼지 방문할 곳을 정했다면 한국에서 미리 예약을 하거나 현지에서 직접 업체를 방문해 결제하면 된다.

> **Tip**
> 방콕에 있는 한인여행사에서는 방콕 인근의 도시나 관광지로 가는 패키지 프로그램을 운영하고 있다. 홍익여행사나 동대문여행사 등 카오산로드에 있는 한인여행사나 더 아시아(The Asis)와 같이 방콕 시내 여행사에서 다양한 프로그램을 운영하고 있으니 출국하기 전에 미리 해당 여행사의 홈페이지를 방문해 예약하거나 현지에서 일정을 조율해보면서 직접 업체를 방문해 예약하면 된다. 일반적으로 방콕 인근으로 가는 투어는 일정에 따라 250~3,500B 내외의 비용이 든다.
> 홍익여행사: hongiktravel.com
> 동대문여행사: cafe.naver.com/bkkdongdaemoon
> 카오산동해: www.khaosandonghae.com
> 더 아시아(한국사무소): 02-3276-2244

5. 짐 꾸리기

방콕은 무더운 지방이라서 조금만 움직여도 땀이 비 오듯 쏟아진다. 그러다 보니 갈아입을 여분의 얇은 옷이나 속옷은 여유 있게 챙겨가야 한다. 다만 짧은 옷이나 슬리퍼 차림으로 왕궁이나 사원에 방문할 경우 입장에 제한을 받을 수 있다. 입구에서 유료로 긴 옷을 빌려 입장할 수도 있지만, 미리 얇고 긴 옷을 준비해두는 것도 좋은 방법이다. 냉장고 바지라고 부르는 얇은 바지를 챙겨 가면 편하게 입고 다닐 수 있다. 카오산로드나 짜뚜짝 주말 시장에서 코끼리 바지라고 통하는 냉장고 바지를 저렴한 가격에 팔고 있으니 여기서 사도 된다. 하지만 품질은 크게 기대하지 않는 게 좋다. 방콕 여행을 하다 보면 생각보다 많이 걷게 되니 크룩스나 샌들 또는 가벼운 운동화를 하나쯤 들고 가자.

> **Tip**
> 카오산로드나 숙소 인근에는 빨래만 전문적으로 해주는 업소가 많다. 보통 하루면 깨끗하게 세탁된 옷들을 돌려받을 수 있다. 친절하게도 셔츠 단추를 일일이 채운 뒤 정갈하게 개어 돌려주는데, 가격은 1kg에 80~100B 정도다. 중량을 kg에 맞게 올림으로 계산해서 g 단위까지 세세하게 계산하지 않는다.

6. 환전하기

방콕 ATM

근처 은행에서 시간이 날 때 미리 환전해두는 것이 가장 좋지만, 사실 은행에서 B을 미리 준비해두는 경우는 많지 않다. 그러므로 은행에 방문하기 전에 미리 은행에 B이 있는지 반드시 확인하는 것이 좋다.

시간에 쫓기다 보면 공항에 가서야 환전을 하는 경우가 많은데, 공항 환전소는 환율이 높아 손해를 볼 수 있다. 어느 정도 시간적 여유가 있고 환율우대를 받고 싶다면 은행의 인터넷 환전을 활용하거나 환율우대쿠폰을 사용하는 것도 방법이다. 인터넷 환전이 낯설다면 은행 홈페이지에 들어가서 '체험하기'를 통해 환전해보는 것이 도움이 될 것이다.

현지에도 환전소가 많아 어디서나 환전이 가능하다. 그러나 자유로운 환전이 가능한 USD에 비해 한화는 환전하기 어려울 수도 있으니 미리 USD로 환전해가는 것이 좋다. 현지 ATM 기기에서 인출도 가능하니 현금이 부족한 경우에는 ATM 기기를 활용하자. 2016년 5월 27일 기준 1B은 33원이다.

Tip 1
고액권으로만 환전할 경우 팁을 줄 때 난감할 수도 있고, 잔돈이 없어 물건을 살 수 없는 상황도 생길 수 있다. 또한 방콕은 택시비를 계산하는 과정에서 기사가 잔돈을 주지 않는 경우도 종종 발생하기 때문에 미리 소액의 B을 챙겨두어야 계산이 쉬워진다. 환전할 때 미리 고액권과 소액권을 적절히 나누어 환전해달라고 요청하도록 하자.

Tip 2
서울역에 있는 IBK기업은행(지상 2층)과 우리은행(지하 2층) 환전센터에서는 환율우대쿠폰이 없어도 최대 90%까지 환율우대를 받을 수 있다. IBK기업은행은 1인당 100만 원, 우리은행은 1인당 500만 원까지의 한도로 환전이 가능하다. 다만 사람이 많이 몰려 오래 기다려야 할 수도 있으니 미리 시간적 여유를 두고 방문하는 편이 좋다.

7. 여행자보험

여행 도중에 우연히 발생한 사고로 다치거나 물건을 도난당했을 때 여행자보험은 큰 도움이 된다. 여행 기간이 짧을 경우 쉽게 간과하는 부분인데, 사고를 당한 뒤에 후회하면 늦다. 따라서 출발하기 전에 미리 여행자보험에 가입하자. 은행에서 환전하는 고객을 상대로 여행자보험도 가입시켜주거나 여행상품에 여행자보험이 가입되는 경우가 있기는 하지만 보상 범위에 제한이 있을 수 있다. 세부 사항과 약관을 미리 꼼꼼하게 따져봐야 한다.

8. 면세점 쇼핑하기

면세점 선불카드

시내 면세점이나 인터넷 면세점에서 물건을 구입했다면 면세품 인도장이 어디 있는지 정확하게 확인해야 한다. 일반적으로 대한항공이나 아시아나항공 같은 국적기를 이용한다면 여객터미널에서 바로 탑승하지만, 저가항공이나 다른 나라 항공사의 항공기에 탑승한다면 셔틀트레인을 타고 탑승동으로 건너가야 한다. 여객터미널 면세품 인도장에서 물건을 받아야 하는 것을 잊고 탑승동으로 간다면 다시 터미널로 돌아올 수 없다.

인천국제공항 내 면세점은 여객터미널과 탑승동에 모두 있다. 하지만 여객터미널의 면세점이 규모나 내용면에서 더 크고 알차다. 탑승동에서는 사고 싶은 물건을 파는 매장이 없을 수도 있으니 사야 할 물건이 있다면 탑승 시간을 고려해 여객터미널에서 미리 사도록 하자.

2014년 9월 5일자로 면세한도가 $400에서 $600로 상향되었다. 하지만 명품을 이것저것 사다 보면 그 한도를 훌쩍 넘어설 수도 있다. 관세청의 면세한도 위반에 따른 단속이 강화되어 과징금을 물게 되는 경우가 많으니 주의해야 한다.

면세점을 이용한다면 탑승 시간을 정확히 기억하고 있어야 한다. 쇼핑에 정신이 팔려 면세코너를 맴돌다가 탑승 시간을 놓치는 승객들이 종종 있다. 안내방송으로 자신의 이름을 듣거나 시간에 쫓겨 공항을 뛰어다니지 않으려면 시간을 정확히 기억하고, 출발 30분 전에는 탑승 게이트 앞에서 대기하는 것이 좋다.

9. 방콕 여행정보 사이트

태국정부관광청 서울사무소(www.visitthailand.or.kr)

태국정부관광청은 관광을 진흥시키기 위한 목적으로 1960년 3월에 설립되었다. 일반인들에게 태국 관광지에 대한 정보를 제공하며, 관광을 위한 홍보활동, 관광지 개발계획의 수립에 대한 연구 및 지도, 그리고 관광 부문의 인력개발과 교육 등으로 태국을 세계적인 관광국으로 발전시키고 있다. 1992년에 개설된 서울사무소는 한국 여행객들이 태국을 쉽게 방문할 수 있도록 무료 관광안내, 책자 배포, 관광자료 열람, 비디오와 슬라이드 대여 등의 서비스를 제공하고 있다.

태사랑(www.thailove.net)

태국은 물론 캄보디아, 라오스, 베트남, 말레이시아 등 동남아로 떠나는 여행자들에게 유용한 정보를 제공하는 최고의 여행정보 사이트. 태사랑 카페와 연동되어 다양한 정보들을 제공하며, 실시간으로 여행자들의 여행기와 팁들이 올라온다. 태국 여행과 관련된 여행사들도 링크되어 있어 방콕 여행을 위한 실질적인 도움을 받을 수 있다.

태사랑 카페(cafe.naver.com/taesarang)

태국을 여행하는 여행자라면 누구나 한번쯤은 들러봤음직한 최고의 여행자커뮤니티. 여기서도 여행에 앞서 태국 관광지에 대한 정보와 태국 여행과 관련된 실질적인 팁을 얻을 수 있다. 특히 이곳에서 제공되는 방콕 여행지도는 태국정부관광청 서울사무소에서도 제공할 정도로 정평이 나 있다. 실시간으로 제공되는 여행지 정보 외에도 함께 떠날 동행이나 현지에서 간단하게 술 한 잔을 나눌 여행 친구를 구할 수도 있다.

10. 해외 인터넷 데이터 로밍

방콕에서 인터넷을 이용하는 가장 쉬운 방법은 인천국제공항에서 출국하기 전에 통신사 창구에서 데이터 로밍 서비스를 신청하는 것이다. 요금은 다소 비싼 편이지만 별도의 심카드 교환 없이 현지에서 자유롭게 이용할 수 있어서 편하다.

저렴한 요금에 자유롭게 인터넷을 사용하고 싶다면 현지에서 여행자용 심카드를 구매하는 것이 좋다. 현지에서 무선데이터를 쓸 수 있는 여행자용 심카드는 일정 기간 이용할 수 있는 요금제와 일정 용량을 사용하는 요금제로 나뉘어져 있다. 7일간 사용이 가능한 여행자용 유심은 299B에 판매중이며 각 통신사마다 서로 다른 용량과 요금제로 판매하고 있다.

현재 태국에서 사용할 수 있는 유심을 판매하는 통신사는 AIS, DTAC, truemove 등 모두 3곳이다. AIS와 DTAC는 입국장 7번 출구 부근에 매장이 있고, truemove는 4번과 5번 출구 사이에 있다. 여행자들마다 어디가 품질이 좋고 나쁜지를 두고 설전을 벌이기도 하고, 몇몇 여행서가 특정 통신사를 소개하는 바람에 한 곳에만 한국 여행자들로 긴 줄이 만들어지기도 한다. 하지만 어느 통신사든 여행중 이용하는 데 큰 차이를 느낄 정도는 아니니 대기 줄이 짧은 곳을 선택하면 된다. 이때 신분 확인을 위해 여권을 확인하므로 미리 챙겨두어야 한다.

방콕에서 국내에서 쓰듯이 아무런 거리낌 없이 데이터를 사용하다가는 요금 폭탄을 맞을 수 있다. 비행기에서 내려 핸드폰을 다시 켠 후 반드시 데이터 차단을 해야 한다.

> **Tip**
>
>
>
> 여행자용 유심을 쓰면 현지에서 사용이 가능한 번호가 부여되고 현지에서 자유로운 사용이 가능해진다. 이럴 경우 한국에서 사용하던 번호는 쓸 수 없게 된다. 평소에 사용하지 않는 스마트폰을 챙겨 가서 여행자 유심을 장착한 다음에 핫스팟 기능을 실행해서 쓰면 사용중인 핸드폰으로 전화 기능은 물론이고 데이터 사용도 가능해서 유용하다. 또한 2인 이상의 인원으로 여행할 때는 핫스팟을 켜서 같이 쓸 수 있다.

BANGKOK 떠나볼까?

1. 한국 출국(인천국제공항 출발)

출국하기

인천국제공항

인천국제공항으로 가는 방법은 여러 가지가 있다. 가장 일반적인 방법은 공항 리무진버스를 타는 것이다. 서울과 수도권은 물론 전국 대도시에서 공항으로 가는 다양한 노선이 운행중이다.

서울역과 인천국제공항역을 오가는 공항철도는 43분이 소요되는 직통열차와 56분이 소요되는 일반열차로 나누어 운행중이다. 일반열차의 첫차는 새벽 5시 20분부터, 직통열차는 새벽 6시부터 운행되며, 막차는 각각 밤 12시와 10시 10분이다. 열차 시간은 수시로 변동되니 공항철도 홈페이지에서 확인해야 한다.

2014년 7월 1일부터 KTX 인천국제공항역이 개통되면서 KTX 경부선이나 호남선을 타고 역까지 빠르게 갈 수 있는 길이 열렸다.

택시는 도심과 공항을 빠르게 연결해주지만 급한 경우가 아니라면 이용을 자제하는 것이 좋다. 시계 할증이 적용되고 고속도로 통행료도 승객이 부담해야 해서 요금이 만만치 않다. 서울 시청에서 인천국제공항까지 정체 없이 갈 경우 약 1시간이 걸리고, 요금은 최소 4만 6천 원이 예상된다.

개인 승용차를 이용한다면 주차비와 통행료를 잘 계산해야 한다. 주차는 장기주차장과 단기주차장의 요금 차이가 엄청나다. 장기주차장은 소형차 기준으로 시간당 1천 원, 하루 9천 원이며, 단기주차장은 비성수기 기준 기본 30분에 1,200원이며, 15분마다 600원이 추가되어 하루 1만 2천 원의 주차요금이 적용된다. 공항고속도로 통행료는 2015년 7월 31일 승용차 기준 7,600원이다. 좀더 자세한 정보는 인천국제공항 홈페이지 교통안내를 참고하면 된다.

인천국제공항 홈페이지: www.airport.kr
공항 리무진 홈페이지: www.airportlimousine.co.kr
코레일 공항철도 홈페이지: www.arex.or.kr

출국절차

탑승 수속: 인천국제공항 3층 출국장에서 자신이 이용하는 항공사 카운터를 찾아 탑승수속을 밟는다. 기내에 직접 들고 탑승할 가방과 수하물로 발송할 가방을 분리한 후 수하물로 보낼 것은 탑승수속시 맡기면 된다. 이때 기내에 반입하게 될 가방에 금지물품이 들어있지 않은지 꼼꼼히 확인해야 한다. 노트북이나 카메라와 같이 깨어지기 쉬운 물품은 수화물로 부치지 않는 것이 좋다. 기내 반입 금지물품으로는 과도·커터 칼과 같은 도검류, 인화성 물질, 1L가 넘는 물·음료·화장품과 같은 액체류, 공구류 등이다.

세관 신고: 특별히 신고할 것이 없다면 간단히 지나가지만 필요 이상으로 많은 외화를 가지고 있거나 오해의 소지가 있는 고가의 전자제품이 있다면 미리 신고하는 것이 좋다.

보안 검색: 검색대를 통과할 때 특히 주의해야 한다. 주머니에 있는 동전이나 금속제품은 모두 꺼내 바구니에 담는다. 가방 속에 노트북이나 태블릿PC가 있다면 미리 끼내놓는 것이 김색대 앞에서 허둥대는 시간을 줄일 수 있다.

출국 심사: 심사관에게 여권과 탑승권을 보여주면 여권의 빈 페이지에 출국도장을 찍어줄 것이다. 자동출입국심사 서비스를 신청했다면 심사관을 대면하지 않아도 된다. 대신 여권에 따로 도장을 찍어주지는 않는다.

비행기 탑승: 출발 30분 전까지 탑승 게이트로 가서 비행기에 탑승해야 한다. 우리나라 국적기(대한항공·아시아나항공)를 이용한다면 여객터미널에서 바로 탑승하지만, 저가항공이나 다른 나라 항공사의 항공기를 탑승한다면 셔틀트레인을 타고 탑승동(탑승게이트 60~132번)으로 이동해야 하므로 항공권에 적힌 게이트 번호를 반드시 확인해야 한다.

Tip

자동출입국심사

조금이라도 더 빠르게 출국이나 입국 수속을 받고 싶다면 자동출입국 심사 서비스를 신청하는 것이 좋다. 자동출입국심사는 심사관과 대면 심사를 받는 대신 여권과 지문 인식만으로 12초 만에 자동으로 출입 국심사를 마칠 수 있는 간편하고 빠른 제도다. 여권을 들고 3층 체크 인 카운터 F구역 옆 법무부 자동출입국심사 등록 센터로 가면 신청할 수 있다.

2. 방콕 입국

입국하기

인천국제공항에서 방콕의 수완나품국제공항(Suvarnabhumi International Airport)까지는 6시간이 소요된다. 태국어로 '황금들녘'이라는 뜻을 지닌 수완나품국제공항은 돈므앙국제공항(Don Mueang International Airport)을 대체해 2006년 9월에 새롭게 문을 열었다. 그리고 수완나품국제공항 개항 이후 국내선만 취항하던 돈므앙국제공항은 2012년에 국제선 일부 노선이 취항을 시작했다. 한국에서 오리엔트타이 항공, 에어 아시아, 녹스쿠트 등 일부 저가항공을 타게 되면 돈므앙국제공항을 이용하게 된다.

입국 절차

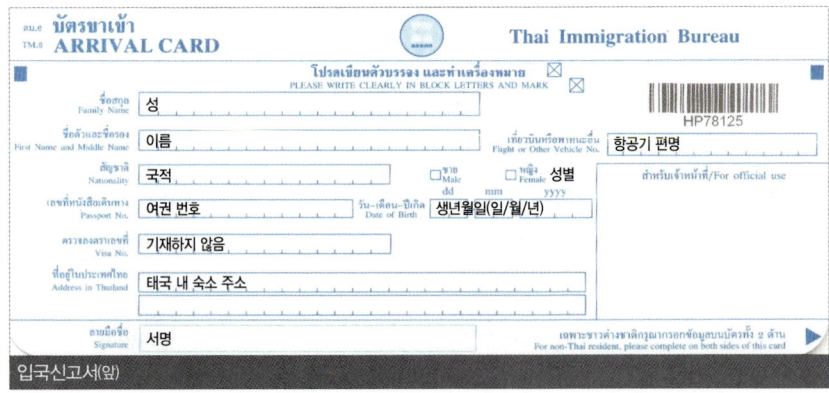

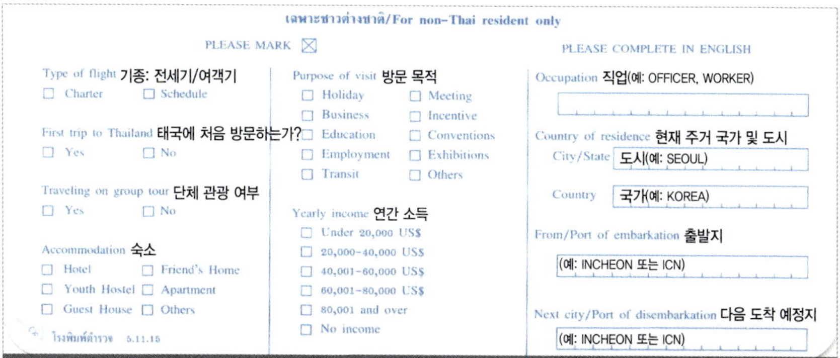

เฉพาะชาวต่างชาติ/For non-Thai resident only

PLEASE MARK ☒

PLEASE COMPLETE IN ENGLISH

Type of flight 기종: 전세기/여객기
☐ Charter ☐ Schedule

First trip to Thailand 태국에 처음 방문하는가?
☐ Yes ☐ No

Traveling on group tour 단체 관광 여부
☐ Yes ☐ No

Accommodation 숙소
☐ Hotel ☐ Friend's Home
☐ Youth Hostel ☐ Apartment
☐ Guest House ☐ Others

Purpose of visit 방문 목적
☐ Holiday ☐ Meeting
☐ Business ☐ Incentive
☐ Education ☐ Conventions
☐ Employment ☐ Exhibitions
☐ Transit ☐ Others

Yearly income 연간 소득
☐ Under 20,000 US$
☐ 20,000-40,000 US$
☐ 40,001-60,000 US$
☐ 60,001-80,000 US$
☐ 80,001 and over
☐ No income

Occupation 직업(예: OFFICER, WORKER)

Country of residence 현재 주거 국가 및 도시
City/State 도시(예: SEOUL)
Country 국가(예: KOREA)

From/Port of embarkation 출발지
(예: INCHEON 또는 ICN)

Next city/Port of disembarkation 다음 도착 예정지
(예: INCHEON 또는 ICN)

โรงพิมพ์ตำรวจ 5.11.15

입국신고서(뒤)

ตม.6 บัตรขาออก
TM.6 DEPARTURE CARD

Thai Immigration Bureau

โปรดเขียนตัวบรรจง และทำเครื่องหมาย ☒
PLEASE WRITE CLEARLY IN BLOCK LETTERS AND MARK ☒

HP78125

ชื่อสกุล Family Name: 성
ชื่อตัวและชื่อรอง First Name and Middle Name: 이름
วัน-เดือน-ปีเกิด Date of Birth (dd mm yyyy): 생년월일(일/월/년) ☐ ชาย Male ☐ หญิง Female 성별
สัญชาติ Nationality: 국적
เลขที่หนังสือเดินทาง Passport No.: 여권 번호

เที่ยวบินหรือพาหนะอื่น Flight or Other Vehicle No.: 항공기 편명

สำหรับเจ้าหน้าที่/For official use

ลายมือชื่อ Signature

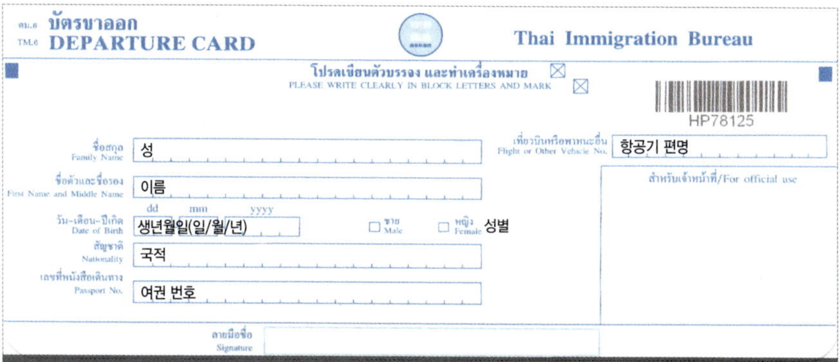

출국신고서

출입국카드 작성: 비행기 안에서 승무원들이 나눠주는 출입국카드를 미리 작성해두는 편이 좋다. 입국 심사대 앞에 와서 급하게 쓰다 보면 줄은 길어지고 기다리는 시간은 한없이 늘어날 것이다.

입국 심사: 입국 심사는 내국인과 외국인이 다른 창구에서 심사를 받게 된다. 'VISITOR'라고 쓰여 있는 곳에 줄을 서 있으면 순서가 올 것이다. 그때 출입국카드와 여권을 제시하면 된다. 담당 공무원은 여행자와 여권 정보가 일치하는지 확인하고 도장을 찍어준다. 이때 여권과 함께 돌려주는 출국카드는 잘 챙겨두었다가 출국할 때 다시 제출해야 한다.

수하물 찾기: 다음은 여권을 받아들고 수하물을 찾으러 가면 된다. 입국 심사대를 지나 전광판을 보면 수하물을 찾을 수 있는 곳의 번호가 나와 있다. 자신이 타고 온 항공기 편명과 출발지를 확인하고 해당 출구에 서서 탑승할 때 맡긴 짐을 찾으면 된다.

세관 통과: 신고할 물품이 있다면 적색 램프가 켜진 게이트로 가서 신고하고, 없다면 녹색 램프가 켜진 게이트를 통과한다.

> **Tip 1**
> 한국의 담뱃값 인상 이후 면세점에서 담배를 구입하는 관광객이 부쩍 늘었다. 태국의 경우 1인당 담배 한 보루까지만 면세를 허용하고 있다. 개인이 한 보루 이상 소지하고 있다가 적발되면 물품 압수뿐만 아니라 최고 20배까지 벌금을 물게 될 수 있으니 주의해야 한다. 일행의 담배를 한 사람의 가방에 넣는 경우도 단속될 수 있으니 공항을 완전히 벗어날 때까지는 철저하게 각자 소지하는 것이 좋다. 1인당 한 병까지만 반입이 가능한 주류 역시 마찬가지다.

> **Tip 2**
> 여권 관련 규정이 강화되면서 여권이 훼손되거나 내부에 찢어진 페이지가 있으면 입국이 거부될 수 있다. 최근에는 입국 심사 과정에서 여권을 일일이 넘기면서 모든 페이지를 검사하는 모습을 자주 볼 수 있다.

3. 공항에서 시내로 가기

수완나품국제공항

수완나품국제공항에서 시내로 가는 방법으로 공항철도(ARL; Airport Rail Link)와 시내버스, 택시, 여행사나 호텔의 픽업 버스를 이용할 수 있다.

　ARL의 경우 빨간색의 익스프레스 라인과 파란색의 시티 라인이 운행중이다. 익스프레스 라인은 막까싼(Makkasan)역과 공항역에만 정차를 하고, 시티 라인은 파야타이(Phaya Thai)역에서 공항역까지 라차프라롭(Ratchaprarop)역, 막까싼역, 후어막(Hua Mak)역, 랏크라방(Lat Krabang)역 등 모두 8개 역에 정차한다. 새벽 5시부터 밤 12시까지 운행되며, 공항역에서 파야타이역까지 30분이 소요된다.

　시내버스(Public Bus)는 공항버스 터미널(Transport Center)에서 이용할 수 있다. 터미널을 이용하려면 2층 입국장을 나와 5번 게이트에 있는 셔틀버스(Shuttle Bus) 승강장에서 터미널로 가는 버스를 타면 된다. 셔틀버스 승강장에서 터미널까지는 5분가량 소요되며 요금은 무료다. 1층에도 셔틀버스 승강장이 있지만 셔틀버스가 공항 곳곳을 돈 뒤 2층으로 오기 때문에 시간이 더 많이 걸린다.

　터미널에는 시내로 나가는 에어컨 버스와 파타야(Pattaya)·아라냐프라텟(Aranyaprathet)·넝카이(Nong Khai) 등으로 가는 에어컨 버스가 운행된다. 시내로 들어가려면 전승 기념탑(Victory Monument, 아눗싸와리 차이)로 가는 551번 버스나 언눗(On Nut)역을 지나는 552번 버스를 타면 된다. 두 노선이 모두 BTS 노선과 연결이 되지만 터미널까지 가야 하는 불편함이 있다. 버스 타기를 힘들어하는 여행자들이 많아서 많이 이용되지는 않는다.

대중교통 운행이 마감된 심야시간이나 인원이 많다면 택시를 타는 것도 방법이다. 1층 택시 승강장이 있는 곳으로 나가서 키오스크를 누르면 승강장 번호가 인쇄된 쪽지가 나온다. 쪽지에 인쇄된 번호의 승강장에 대기하고 있는 택시에 탑승해서 목적지를 말하면 된다. 공항에서 시내로 들어갈 경우 유료 도로를 이용한다면 톨게이트 비용은 탑승자 부담이며, 최종 요금에 공항대기요금 50B이 추가된다. 추가 비용을 제외하고 정체 없이 목적지에 도착하면 공항에서 나나(Nana)역이나 아속(Asok)역까지 정상적인 길로 갈 경우 약 200B, 카오산로드까지는 약 250B 내외로 요금이 나온다. 하지만 정체가 심하거나, 고속도로나 일반 도로 중 어떤 도로를 이용하느냐에 따라 요금이 다르기 때문에 20~100B를 추가로 지불할 수도 있다. 물론 대기 요금과 톨게이트 비용은 별도다.

┃ARL 타는 법┃

① 출국장을 나서면 이정표의 안내에 따라 지하층으로 이동한다.

② 수완나폼국제공항은 의외로 복잡해서 한번 내려가면 다시 올라오지 못하는 경우도 있으니 주의한다.

③ ARL을 이용한다면 지하로 내려가면 된다.

④ ARL역까지는 조금 많이 걸어야 한다.

⑤ ARL역으로 가는 내리막길을 따라 걸어 내려간다.

⑥ 왼쪽에는 발권기가 보이고, 정면으로 집표기가 나타난다.

⑦ 원하는 역까지 발권을 한다.

⑧ 발권한 둥근 플라스틱 차표를 발권기에 터치한 다음에 승강장으로 이동한다.

수완나품국제공항 층별 주요 시설
지하: 공항철도(ARL)
1층: 공항버스·셔틀버스·택시 승차장
2층: 입국장, 관광안내소, 환전소, 렌터카 업체, 여행사, 호텔 예약 데스크
3층: 식당, 만남의 장소
4층: 출국장, 항공사 카운터, 면세점

| 택시 타는 방법 |

① 출국장을 나서면 이정표를 따라 1층으로 이동한다.

② 수완나품 국제공항은 의외로 복잡해서 한번 내려가면 다시 올라오지 못하는 경우도 있으니 주의한다.

③ 터미널 가이드를 참조해 에스컬레이터를 타고 1층으로 내려간다.

④ 1층으로 내려가면 우측 방향으로 택시 승강장이 있다는 이정표가 보일 것이다.

⑤ 1층 가운데 부근이 택시 승강장이다.

⑥ 이정표에 'Public Taxi'라고 쓰여 있는 방향으로 나간다.

⑦ 문 앞에 택시 승강장을 뜻하는 입간판이 나타나고, 뒤쪽에 키오스크가 보인다.

⑧ 키오스크 모니터를 터치하면 탑승장 번호가 적힌 번호표가 출력된다.

⑨ 번호표에 적힌 승강장으로 가서 번호표를 보여준 뒤, 택시를 타고 기사에게 목적지를 말하면 된다.

돈므앙국제공항

돈므앙국제공항에서는 공항버스와 시내버스, 택시를 이용할 수 있다. 공항버스는 제1터미널 5번 출구, 제2터미널 12번 출구 부근에서 탑승할 수 있다. A1 버스는 머칫(Mo Chit)역, 짜뚜짝 주말 시장, 북부 터미널 방면으로 운행한다. A2 버스를 타면

아눗싸와리역으로 갈 수 있다. 시내버스는 에어컨이 나오지 않는 버스와 에어컨이 나오는 버스, 2종류가 있는데 이용하기 불편하고 버리는 시간이 많아서 이용자가 적다. 택시는 카오산로드까지 200~250B 내외의 요금이 나온다. 이때도 도로 사정에 따라 요금이 다르며, 고속도로 톨게이트 비용은 탑승자가 지불해야 한다. 최근 카오산로드, 칫롬, 룸피니 공원 등으로 가는 리모 버스(Limo Bus)가 운행중이다. 요금은 150B이며, 40분에서 1시간가량이 소요된다.

많은 여행자가 택시를 타고 공항에서 시내로 이동할 때 바가지요금을 낸다. 방콕의 택시들이 관광객을 상대로 터무니없는 요금을 요구하는 경우가 많아서 방콕을 찾은 첫날부터 여행자들은 마음의 상처를 받는다. 무인 단말기로 배정받은 택시를 탔다면 만약을 대비해 인쇄된 번호표를 잘 챙겨두는 것이 좋다. 택시를 타면 반드시 미터기를 켜고 운행하는지, 중간에 끄지 않는지 확인해야 한다. 여행중에도 서 있거나 호객하는 택시는 피하고 운행중인 택시를 세워서 타는 것이 좋다. 돈므앙국제공항에서는 2층 출국장으로 올라가서 손님을 내려주는 택시를 타면 조금 편하게 시내로 갈 수 있다.

4. 방콕 출국

방콕에서 한국으로 되돌아올 경우에는 대부분 ARL 운행 시간에 이동한다. 일반적으로 파야다이역이나 막까산역에서 ARL로 환승해서 공항으로 가면 된다. BTS나 ARL이 운행되지 않는 지역에서 출발한다면 택시를 타거나 카오산로드에서 출발하는 공항행 미니버스를 이용해도 된다. 미니버스를 이용할 때 해당 여행사에 운행 여부와 운행 시간을 비롯해 좌석이 있는지, 머무는 숙소로 픽업이 되는지, 자신의 비행기 탑승 시간을 맞출 수 있는지 등을 꼼꼼히 확인하고 반드시 미리 예약을 해두어야 한다. 방콕의 교통 정체는 악명이 높다. 공항에서 허둥대지 않으려면 2시간 전에는 공항에 도착할 수 있도록 미리 넉넉하게 시간을 배분하는 게 좋다.

낯선 타국에서 위급한 상황이 발생하면 난감할 수밖에 없다. 그때 도움을 받을 수 있는 곳이 각 나라에 주재하고 있는 대한민국 총영사관이다. 현지 공항에 도착하면 받게 되는 외교부 문자를 확인한 후 위급 상황 발생시 수신 번호로 연락하자.

BANGKOK 교통정보

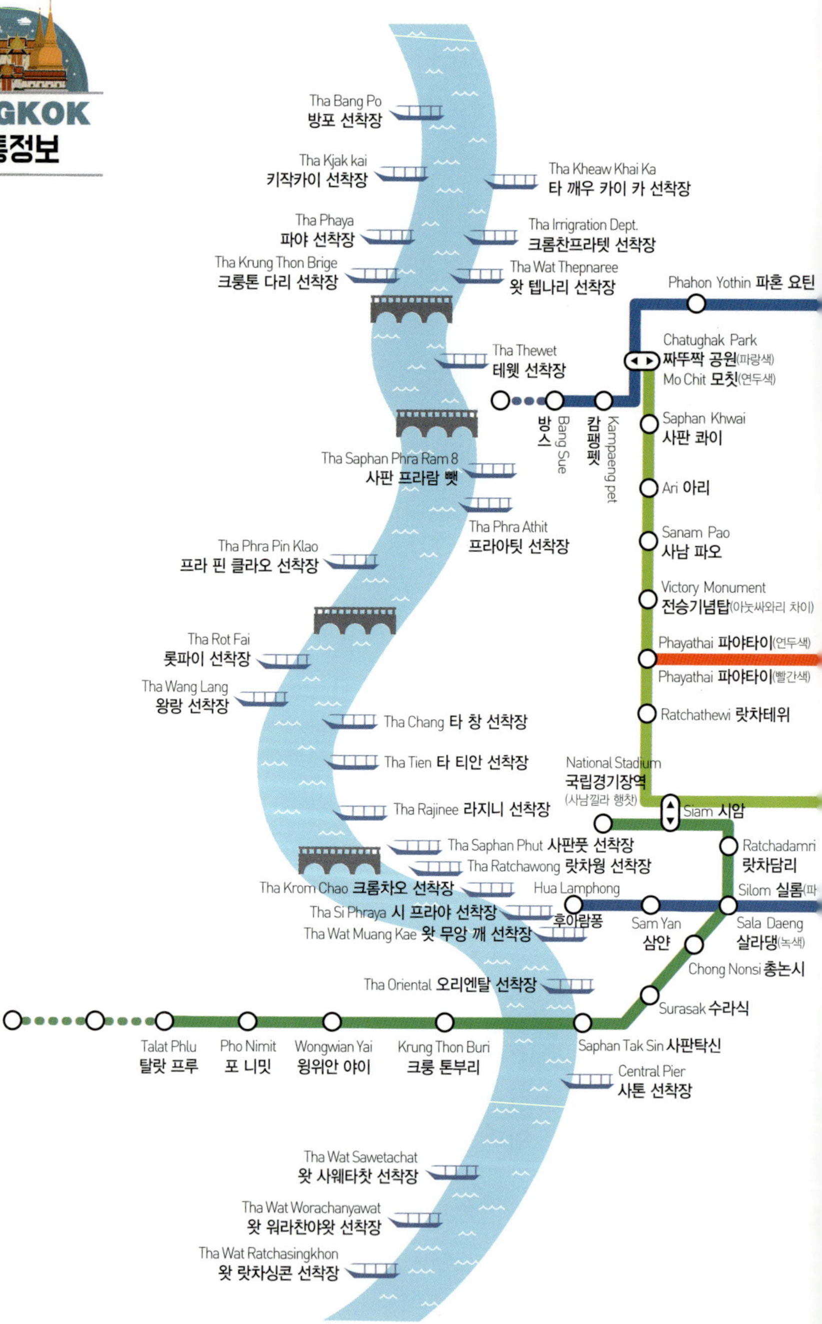

- Tha Bang Po 방포 선착장
- Tha Kjak kai 키작카이 선착장
- Tha Kheaw Khai Ka 타 깨우 카이 카 선착장
- Tha Phaya 파야 선착장
- Tha Irrigation Dept. 크롬찬프라텟 선착장
- Tha Krung Thon Brige 크룽톤 다리 선착장
- Tha Wat Thepnaree 왓 텝나리 선착장
- Phahon Yothin 파혼 요틴
- Tha Thewet 테웻 선착장
- Chatughak Park 짜뚜짝 공원 (마랑색)
- Mo Chit 모칫 (연두색)
- Bang Sue 방 스
- Kampaeng pet 캄팽펫
- Saphan Khwai 사판 콰이
- Tha Saphan Phra Ram 8 사판 프라람 뺏
- Ari 아리
- Tha Phra Athit 프라아팃 선착장
- Sanam Pao 사남 파오
- Tha Phra Pin Klao 프라 핀 클라오 선착장
- Victory Monument 전승기념탑 (아눗싸와리 차이)
- Phayathai 파야타이 (연두색)
- Tha Rot Fai 롯파이 선착장
- Phayathai 파야타이 (빨간색)
- Tha Wang Lang 왕랑 선착장
- Ratchathewi 랏차테위
- Tha Chang 타 창 선착장
- Tha Tien 타 티안 선착장
- National Stadium 국립경기장역 (사남낄라 행찻)
- Tha Rajinee 라지니 선착장
- Siam 시암
- Tha Saphan Phut 사판풋 선착장
- Tha Ratchawong 랏차웡 선착장
- Ratchadamri 랏차담리
- Tha Krom Chao 크롬차오 선착장
- Hua Lamphong 후아람퐁
- Silom 실롬 (파)
- Tha Si Phraya 시 프라야 선착장
- Sam Yan 삼얀
- Tha Wat Muang Kae 왓 무앙 깨 선착장
- Sala Daeng 살라댕 (녹색)
- Chong Nonsi 총논시
- Tha Oriental 오리엔탈 선착장
- Surasak 수라삭
- Talat Phlu 탈랏 프루
- Pho Nimit 포 니밋
- Wongwian Yai 웡위안 야이
- Krung Thon Buri 크룽 톤부리
- Saphan Tak Sin 사판탁신
- Central Pier 사톤 선착장
- Tha Wat Sawetachat 왓 사웨타찻 선착장
- Tha Wat Worachanyawat 왓 워라찬야왓 선착장
- Tha Wat Ratchasingkhon 왓 랏차싱콘 선착장

1. 지상철(BTS; Bangkok Mass Transit System)

지상철은 교통지옥인 방콕 도심을 오가는 가장 빠르고 편리한 교통수단으로, 수쿰윗 노선(Sukhumvit Line)과 실롬 노선(Silom Line)이 운행중이다. 시암, 나나, 아속 등 시내 중심가를 지나가는 수쿰윗 노선은 머칫(Mochit)역에서 배링(Bearing)역을 연결하며, 짜뚜짝 주말 시장으로 가는 가장 빠른 교통수단이라 여행자들의 사랑을 한 몸에 받고 있다. 그리고 실롬 노선은 국립경기장(National Stadium)역에서 방와(Bang Wa)역까지 운행된다.

2개의 노선은 시암역에서 역내 환승이 가능하지만 MRT로 갈아타려면 요금소를 나온 뒤 승차권을 다시 구입해야 한다. 요금은 거리에 따라 차등해서 적용된다. 9개로 나뉜 구간에 따라 번호가 매겨지고, 각 번호에 따라 15~52B까지 요금이 적용된다. 1회용 승차권은 자동판매기에서만 구입할 수 있으며, 안내소에서는 정액권만 판매한다. 운행 노선도에서 자신이 가고자 하는 역 번호를 확인한 뒤 해당 번호를 누르고 동전을 넣으면 사각형 플라스틱 승차권이 나온다. 자동판매기는 동전만 사용할 수 있는데, 동전이 없다면 안내소에서 교환하면 된다.

탑승할 때는 투입구에 승차권을 넣은 뒤 개찰구를 통과할 때 나오는 승차권을 반드시 챙겨야 한다. 목적지에 도착해서는 투입구에 승차권을 넣어도 승차권이 나오지 않으므로 개찰구를 그냥 빠져나오면 된다. 하루 동안 무제한으로 승차가 가능한 승차권이 140B에 판매중이다.

운행시간: 06:00~24:00

요금: 1구간 15B에서 9구간 52B까지 구간별로 차등해서 적용.

전화: 02-617-6000

홈페이지: www.bts.co.th

2. 지하철(MRT; Mass Rapid Transit)

6년이라는 긴 공사 기간을 끝으로 2004년 7월에 완성한 방콕의 지하철로, 후아람퐁 역에서 방스역까지 모두 18개 역을 지나가는 노선 하나가 운행중이다. 교통 정체가 심한 방콕에서 MRT는 정해진 시간에 맞추어 사람들을 목적지로 데려다주는 교통수단이다.

MRT는 BTS와 연결이 되지만, 우리나라처럼 환승역에서 자유롭게 갈아탈 수 있는 시스템은 아니다. 환승역은 이름도 다르고 역도 다르다. MRT에서 BTS로 갈아타려면 역사를 나와서 승차권은 다시 구매한 뒤 갈아타야 한다.

요금은 성인 1인당 15B에서 시작해서 거리에 따라 2~3B씩 추가된다. 승차권은 각 역의 안내 창구나 자동판매기에서 구입할 수 있다. BTS와 달리 자동판매기에서 지폐를 사용할 수 있지만 고액권은 안내 창구를 이용하는 것이 일반적이다. 고액권으로 승차권을 구입하면 차액이 동전으로 나오기 때문이다.

자동판매기가 태국어로 되어 있다면 오른쪽 위에 언어를 영어로 선택하는 버튼을 누른 다음에 이용하면 된다. 가고자 하는 역을 선택하고 지폐나 동전을 넣으면 동그란 플라스틱 승차권이 나온다. 플라스틱 승차권은 탑승할 때 개찰구에 갖다대서 통과하고, 도착역에서는 개찰구 홈에 넣고 나오면 된다.

운행시간: 06:00~24:00
요금: 15B~ 거리별 차등 적용. 1일권은 120B, 3일권은 230B.
전화: 02-716-4000, 02-716-4044
홈페이지: www.mrta.co.th

BTS나 MRT는 각각 정액권이나 정기권 등을 판매한다. 하지만 방콕을 여행하다 보면 택시를 타게 되거나 도보로 이동하는 경우가 많아서 BTS나 MRT 탑승 횟수가 의외로 적다. 게다가 2개의 교통시설이 서로 다른 정액권을 사용하기 때문에 정액권을 구입하기보다는 주로 1회용 승차권을 사용하게 된다. 다만 1회용 승차권을 사용해 이동할 때는 출퇴근 시간이나 사람이 몰리는 주말에는 자동판매기 앞에 줄이 길게 늘어서 있어 대기 시간이 길다는 점을 고려해야 한다.

3. 미터 택시(Miter Taxi)

'Taxi Meter'라고 표시되어 있는 미터 택시는 목적지까지 가장 편하게 이동할 수 있는 교통수단이다. 알록달록한 색과 달리 윗부분 색깔이 2가지로 나뉘는데, 위가 노란색이고 아래가 초록색인 택시는 개인택시, 위가 파란색이고 아래가 빨간색인 택시는 회사택시다. 1천대 이상 보유한 대형 택시 회사는 초록색·주황색 등 단일색 택시를 운행중이다.

요금은 35B을 기본으로 1km당 5B씩 추가되는데, 가까운 거리는 50~60B 정도면 갈 수 있다. 늦은 시간에 공항을 도착한 여행자들이 많이 이용하는 것이 택시다. 공항에서 카오산로드나 시내로 들어갈 경우 200~250B가량이 나온다. 차량 정체를 피하기 위해 유료 고가도로인 '탕두언'을 타는 경우가 많은데, 이때 고가도로 이용요금은 탑승자가 부담해야 한다. 공항에서 카오산로드로 갈 경우 유료 도로를 2번 타게 된다.

방콕의 택시는 관광객에게 바가지요금을 씌우는 것 때문에 말이 많다. 실제로 공항에서 카오산로드까지 택시를 탔을 때 최소 200B부터 최대 600B까지 서로 다른 요금을 낸 여행자들의 후기가 인터넷에 넘쳐난다. 택시를 타게 되면 반드시 미터기를 켜자고 요구해야 하며, 가격을 흥정해오는 택시라면 다른 택시로 갈아타야 바가지요금을 방지할 수 있다.

Tip1

방콕의 택시에 대한 여행자들의 원성은 인터넷 게시판마다 넘쳐난다. 같은 거리의 요금을 3배 이상 냈다는 여행자도 있고, 1인당 요금이라며 일행 3명에게 각각 따로 요금을 받은 운전자를 성토하는 우스개 글도 심심찮게 볼 수 있다. 방콕에서 택시를 탄다면 서 있는 택시보다 운행중인 빈 차를 세워서 타는 것이 좋으며, 반드시 미터기를 켜자고 요구해야 한다. 흥정을 요구한다면 바로 내려 다른 택시를 타는 것이 좋다. 혹시라도 미터기 없이 도착해서 요금이 과하게 나왔다면 좋은 선에서 흥정을 해야 한다. 과하게 항의하다가 곤란한 일을 겪을 수 있다.

Tip2

공항에서 택시를 탈 경우 대기료 50B이 추가된다. 돈므앙국제공항의 경우 3층 탑승동으로 가서 손님을 내려주고 돌아가는 택시를 타면 편하다. 수완나폼국제공항에서는 택시 배차기에서 탑승할 택시를 지정받아서 타면 조금 편하게 시내로 들어갈 수 있다. 수완나폼국제공항 역시 탑승동으로 올라가서 승객 하차 지점에서 택시를 탈 수 있다. 탑승동에는 공항 쪽에서 택시 하차 지점으로 가지 못하게 회전판을 설치해놓았지만 밀고 들어가면 된다.

4. 버스 (Bus)

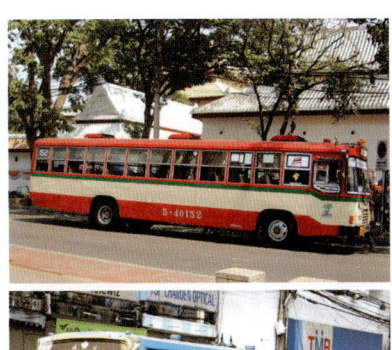

방콕의 거리에는 1만 3천여 대의 다양한 버스들이 442개의 노선을 운행해서 여행자들이 탑승하기에는 약간 어려운 면이 있다. 하지만 일부 노선의 경우 다양한 탑승 팁들이 소개되고 여행자들의 인증 샷들이 올라오면서 지금은 일반 여행자들의 이용도 잦아지고 있다.

방콕의 버스는 색깔로 종류를 구분한다. 창문을 열고 다니는 버스는 에어컨이 없는 일반 버스로 빨간색·녹색·흰색이며, 오렌지색·파란색 버스는 에어컨이 나오는 버스다. 마이크로 버스라고 불리는 자주색 버스는 에어컨이 나오는 좌석 버스다.

요금은 차량과 거리마다 각각 다른 체계로 운영된다. 기본적으로 일반 버스는 5B 내외, 에어컨 버스는 10~20B, 마이크로 버스는 25B이다.

버스에 탑승하면 승무원이 돌아다니면서 요금을 받는다. 목적지를 말하고 요금을 내면 승차권과 거스름돈을 주는데, 이때 동그란 통에서 찢어주는 조그만 사각형 종이 승차권은 목적지에 도착할 때까지 휴대해야 한다. 가끔 승차권을 소지하고 있는지 검사하기 때문이다.

홈페이지: www.transport.co.th

 Tip

버스나 택시를 탈 경우 한국과 운전석의 위치와 신호 체계가 달라 자칫 혼란스러울 수도 있다. 또한 시내 중심가는 교통 혼잡을 피하기 위한 일방통행인 도로가 많아 지리에 익숙하지 않으면 혼란스러울 수도 있다. 지리를 빨리 익히려면 거리에 붙은 명칭을 확인하면 된다. 도로는 현지어로 '타논(Thanon)'이라고 표시되어 있고, 타논과 연결되는 골목길은 '쏘이(Soi)'라고 부른다. 즉 '타논 수쿰윗 쏘이 12(Thanon Sukhumvit Soi 12)'는 수쿰윗 거리 12번 골목이 되는 셈이다. 쏘이 번호는 왼쪽과 오른쪽을 구분해서 각각 홀수와 짝수 번호를 붙인다.

5. 툭툭(Tuk Tuk)

교통 정체가 심한 도로에서 발목이 묶인 차들 사이를 절묘하게 다니는 툭툭은 오토바이와 자동차를 하나로 합친 듯한 삼륜차로 '쌈러'라고도 불린다. 특이한 형태의 툭툭은 방콕의 명물이라 작은 모형으로 만들어 태국 관광 상품으로도 팔지만, 관광객들을 상대로 바가지를 씌우는 것으로 악명이 꽤 높다.

오토바이를 개조한 듯한 모양 때문에 저렴한 교통수단이라고 생각하는 경우가 많다. '툭툭'은 '싸다 싸다'라는 뜻이지만, 일반 택시와 비교해볼 때 결코 저렴하지 않다. 택시와 달리 미터기가 달려 있지 않아서 정확한 가격을 확인할 수 없다. 그러므로 툭툭을 이용하려면 미리 목적지를 말하고 가격을 흥정해야 한다. 이 어려운 방법 때문에 거리 가늠이 쉽지 않은 여행자들은 바가지를 쓰는 경우가 많다.

가까운 거리라면 경험 삼아 한 번쯤 탑승해보는 것도 나쁘지 않지만 거리의 더위가 고스란히 날아들고, 매연과 소음을 온몸으로 가득 맞아야 하는 교통수단이라서 자주 이용할 것은 못 된다. 게다가 차들이 엉켜있는 도로의 좁은 틈새를 요리조리 피해다니다 보니 자주 위험한 상황에 노출되기도 한다.

> **Tip**
>
> 방콕을 여행하면서 가장 많이 듣는 이야기가 택시든 툭툭이든 서 있는 것을 타면 안 된다는 말이다. 지나가는 택시를 세워서 타야 바가지를 줄일 수 있다는 이야기는 방콕을 자주 여행하는 사람들이 전해주는 대표적인 팁이다. 툭툭이라면 특히 더 주의해야 한다. 10B 내외의 저렴한 요금으로 목적지에 데려다주겠다는 말을 믿었다가는 보석상에 끌려가서 강매를 당하기 일쑤다. 소개비를 챙길 목적으로 양복점에 데려다주기도 한다.

6. 오토바이 택시(Moto Cycle)

골목을 걷다 보면 번호가 적힌 붉은 조끼를 입고 삼삼오오 모여 있는 오토바이 기사들을 보게 된다. 한국의 퀵서비스 기사들로 보일 수 있는 이들은 '모또싸이'라고도 불리는 오토바이 택시 기사들이다. 가격 정보도 없고 현지어로 이야기해야 하는 등 여행자들이 이용하기는 쉽지 않지만 방콕 시민들이나 현지에 거주하는 외국인들이 자주 이용하는 교통수단이다. 오토바이 뒷자리에 사람들을 태우고 좁은 골목을 빠르게 누비기 때문에 교통 체증이 심한 방콕에서는 자주 애용되지만 위험해서 권장하지는 않는다. 가까운 거리는 10~20B, 먼 거리는 적정한 선에서 가격을 조율하면 된다.

7. 수상보트(Boat)

방콕을 가로지르는 차오프라야 강변의 관광지들을 연결히는 교통수단으로 노로 정체가 심한 시간에도 막힘없이 목적지에 갈 수 있어서 관광객들의 사랑을 받고 있다. 버스처럼 정해진 노선을 오가기 때문에 탑승한 뒤 승무원에게 목적지를 이야기한 뒤 돈을 내면 된다. 예를 들어 논타부리 선착장을 갈 거라면 "타 논타부리(Tha Nonthaburi)."라고 말하면 되는데, 여기서 '타(Tha)'는 태국어로 선착장을 의미한다. 요금을 내면 승무원이 통에서 표를 찢어주는데, 이 표 역시 내릴 때까지 지니고 있는 것이 좋다. 일부 선착장에서는 미리 요금을 받기도 한다.

수상보트는 여러 종류로 나뉘어져 있어서 각각 노선뿐만 아니라 승하차 지점이나 가격도 다르니 반드시 확인하고 탑승해야 한다.

차오프라야 익스프레스(Chaophraya Express, 르아 드언)
버스처럼 정해진 노선을 오가는 정기노선이다. 크룽텝 다리(Krungthep Bridge)와 논타부리(Nonthaburi)를 연결하며, 정해진 선착장에서 정차한다. 보통 익스프레스

보트와 일반 보트로 나누어 운행되는데, 운행 간격과 소요 시간, 정차하는 선착장과 요금 등은 보트에 따라 다르다. 보트 종류는 배 후미에 달린 깃발로 확인할 수 있다.

익스프레스 보트는 깃발로 구분할 수 있는 2가지 종류가 있다. 노란색 깃발을 단 익스프레스 보트는 논타부리에서 사톤(Sathon)을 연결하며, 월요일에서 금요일 아침과 저녁 시간에 운행된다. 오렌지색 깃발을 단 익스프레스 보트는 매일 러시아워 때 논타부리에서 왓 랏차싱콘(Wat Ratchasingkhon)까지 운행한다. 그리고 깃발이 없는 보트는 일반 보트로 모든 선착장에서 사람을 태우고 내린다.

출퇴근 시간에는 5~10분 간격으로, 보통 시간대는 15~20분 간격으로 운행되며, 저녁 이후에는 안전을 이유로 운행하지 않는다. 각 선착장에서 정박하는 시간이 길지 않으므로 타고 내릴 때 특히 주의해야 한다.

운행시간: 05:50~19:00
요금: 10~32B
전화: 02-445-8888
홈페이지: www.chaophrayaexpressboat.com

긴 꼬리 보트(Long Tail Boat, 르아 항 야오)

모터가 달린 가늘고 긴 배로 원래 용도는 수상 택시였지만 관광용으로 많이 이용된다. 엔진 끝에 달린 스크루의 회전력으로 강을 빠르게 오가면서 주변의 풍경을 속도감 있게 감상할 수 있다.

여행사들이 단체 승객을 태우고 다니는 모습을 많이 볼 수 있으며, 소형 보트에는 두어 명의 여행자들이 타고 차오프라야 강과 톤부리 지역의 운하를 감상한다. 가격은 배의 크기와 탑승 인원 및 구간에 따라 다르다. 일반적으로 1시간에 500~1,500B이며 탑승 전에 흥정을 하면 가격을 조정할 수 있다.

크로스 리버 페리(Cross River Ferry, 르아 캄팍)

차오프라야 익스프레스가 강의 흐름에 따라 위아래로 움직인다면 크로스 리버 페리는 강을 가로질러 건널 수 있도록 움직인다. 수상보트가 정차하는 선착장에서 반대편 선착장을 오가는 보트라서 정해진 노선은 없고 강 좌우를 왕복하는 게 일반적이다. 대부분의 선착장에서 운행중이지만, 여행자들은 불교 사원인 왓 아룬(Wat Arun)을 보기 위해 티안 선착장(Tha Tien)에서 왓 아룬을 왕복하는 노선을 가장 많이 이용한다. 요금은 3B이며 탑승하기 전에 미리 매표소에 요금을 낸 뒤 탑승하면 된다.

8. 크롱 쌘쌥 보트(Khlong Saen Saep Boat)

크롱 쌘쌥 보트 선착장

민주기념탑에서 방콕 시내를 연결하는 좁은 수로인 쌘쌥 운하를 방콕에서는 크롱 쌘쌥이라 부른다. 보트는 크롱 쌘쌥을 정기적으로 왕복하며, 정체가 심한 시간대라도 막힘없이 방콕 도심으로 빠르게 이동할 수 있어서 여행자뿐 아니라 현지인들도 많이 이용한다.

차오프라야 강변을 오가는 보트들보다 속도가 빨라 물이 튀는 경우가 많다 보니 지붕과 물을 막아주는 커튼이 따로 준비되어 있다. 또한 배표를 끊는 차장 역시 안전을 고려해 헬멧을 쓰고 있다.

요금: 10~20B
전화: 02-375-2369
홈페이지: www.khlongsaensaep.com

도심에서 택시를 타는 가장 현명한 노하우, 우버 택시(Uber Taxi)

방콕을 여행하면서 불쾌한 경험을 하게 된다면 대부분 택시의 바가지요금 때문일 것이다. 수많은 여행자들의 여행기를 읽다 보면 비슷한 코스를 가는 데 몇 배의 요금을 냈다거나, 한 택시로 함께 움직인 일행들에게 각자 요금을 내라고 했다는 등 억울하다는 글을 자주 볼 수 있다. 그래서 인터넷 이곳저곳에는 공항에서 목적지까지 저렴하게 가는 방법들이 공유되고, 비슷한 시기에 방콕을 찾는 여행자들이 같은 방향으로 가는 동행자들을 모아 한 번에 이동하는 다양한 노하우들이 소개되어 있다.

최근 방콕을 방문하는 여행자들 사이에서 최고의 화두는 우버 택시다. 우버는 스마트폰 애플리케이션으로 승객과 차량을 이어주는 서비스다. 우버 택시는 2010년 6월 미국 캘리포니아 주 샌프란시스코에서 시작되었는데, 택시를 잡기 어려운 도심에서 편리하게 고급 차량을 탈 수 있도록 도와주겠다는 취지에서 비롯된 서비스였다. 우버 택시는 방콕에서도 사람들에게 택시의 바가지요금을 피하는 방법으로 활용되고 있다.

스마트폰 애플리케이션을 다운받은 뒤 회원 가입을 하면 원하는 장소에서 출발해 원하는 지점까지 택시를 요청할 수 있다. 방콕에서 우버 택시를 활용할 경우 바가지요금 걱정 없이 원하는 곳까지 갈 수 있으며, 승차거부가 심한 러시아워에도 원하는 곳으로 이동할 수 있다. 또한 가입하면 별도의 할인쿠폰을 받을 수 있어서 일정 구간은 무료로 우버 택시를 이용할 수도 있다.

참고로 우리나라에서는 2014년 10월 우버 서비스를 시작했지만, 실정법에 저촉된다는 판결이 나온 뒤로 서비스가 중단되었다. 지금은 이와 비슷한 서비스로 카카오택시가 이용되고 있다.

BANGKOK 유용한 애플리케이션

처음 해외여행을 준비하는 사람이라면 언어 때문에 고생하거나 낯선 곳에서 길을 잃을지 모른다는 두려움, 혹시라도 생길지 모르는 불미스러운 사고에 대해 걱정이 많을 것이다. 최근에는 다양한 애플리케이션이 개발되어 이러한 여행자들의 걱정을 덜어주고 있다. 방콕 여행시 아래에서 소개하는 애플리케이션을 활용해보자.

태국관광청: 방콕(DestinationBangkok, ios·안드로이드)

태국의 주요 관광지들을 세분화해 다양한 정보를 제공하는 애플리케이션으로 태국관광청에서 제작했다. 이 중 방콕 편은 기본적인 여행정보는 물론 음식점과 숙소, 쇼핑 센터와 다양한 체험활동 등 유용한 여행 팁을 제공하고 있다.

구글 맵으로 목적지를 찾아가는 방법을 편리하게 확인할 수 있으며, 실시간으로 이동 정보도 얻을 수 있다. 또한 인근 5km 안에 있는 추천 여행지들을 알려주는 서비스도 제공하고 있다. 현지에서 활용 가능한 전화번호, 오디오 방식으로 제공되는 태국어, 매일 업데이트되는 환율 계산기 등도 유용하다. 굳이 데이터를 연결하지 않아도 정보를 얻을 수 있어서 안심하고 쓸 수 있다.

태국 여행 끝판왕(안드로이드)

여행을 좋아하는 아들이 부모님을 해외여행 보내드릴 때의 심정으로 만들어졌다는 애플리케이션이다. 여행자를 괴롭히는 날씨를 먼저 확인할 수 있도록 첫 화면은 서울과 방콕의 날씨와 현지 시간을 소개하고 있다. 그뿐만 아니라 현지에서 유용하게 사용되는 환율 계산기, 회화, 여행 정보, 지하철 노선도 등이 함께 있다. 한번 다운받으면 데이터를 연결하지 않아도 사용할 수 있어서 기내에서 출입국신고서나 세관신고서 등을 작성할 때도 실질적인 도움을 받을 수 있다.

방콕 지도 앤 가이드(Bangkok Map & Guide, 안드로이드)

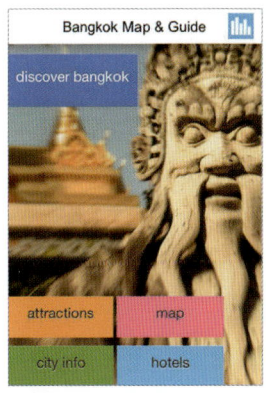

방콕의 다양한 정보를 제공하는 애플리케이션이다. 교통정보와 음식, 역사, 다채로운 이벤트 정보 등이 관광 명소와 함께 소개되고 있으며, 오프라인 상태에서 관광지가 표시된 지도를 활용할 수 있다. 한국어를 비롯해 영어·중국어·일본어·스페인어 등의 10개 국어로 정보를 제공한다. 온라인이 연결되면 실시간으로 제공받을 수 있는 호텔 특가 정보는 현지에서 유용하게 활용할 수 있다.

방콕 지도(ios)

현지 내비게이션 소프트웨어를 기반으로 길 안내 서비스를 제공하는 애플리케이션이다. 자동차 운전자뿐만 아니라 자전거나 도보로 이동하는 여행자 등 누구나 길 안내 서비스를 받을 수 있다. 목적지를 설정하면 최단 경로를 계산해 최적의 길을 안내해주며, 나침반 기능이 내장되어 있어 낯선 도시에서 목적지를 찾는 여행자가 방향을 올바르게 잡을 수 있도록 도와준다. 소프트웨어에는 도로뿐 아니라 지하철 내비게이션 기능도 추가되어 있으며, 주변 검색 기능을 통해 인근의 다양한 정보도 얻을 수 있다.

PART 2

여행자들의 천국, 방콕 3박 4일간의 여행기

첫째 날,
슬렁슬렁 걸으며 즐기는 도심, 시암

동남아시아의 작은 도시라고 만만하게 생각했다가는 방콕에 도착하는 순간 충격을 받을지도 모른다. 도심에서 만나는 고층 빌딩들, 화려한 쇼핑몰과 백화점들을 만나면 방콕을 다시 보게 된다. BTS를 따라 이어진 역사마다 화려한 쇼핑몰이 자리를 잡고 있고, 밤이면 골목마다 야시장들이 여행자들을 유혹하는 곳이 바로 방콕이다. 슬렁슬렁 걸으면서 방콕의 속살을 만나보자. 첫째 날은 주말에만 여는 짜뚜짝 주말 시장을 방문하는 일정이라 토요일이나 일요일이 아니라면 다른 날과 일정을 바꾸거나, 짜뚜짝 주말 시장을 다른 날로 미뤄서 움직이는 것이 좋다.

일정 한눈에 보기

짜뚜짝 주말 시장 ▶ 짐 톰슨의 집 ▶ 시암 ▶

차이나타운 ▶ 나나와 아속

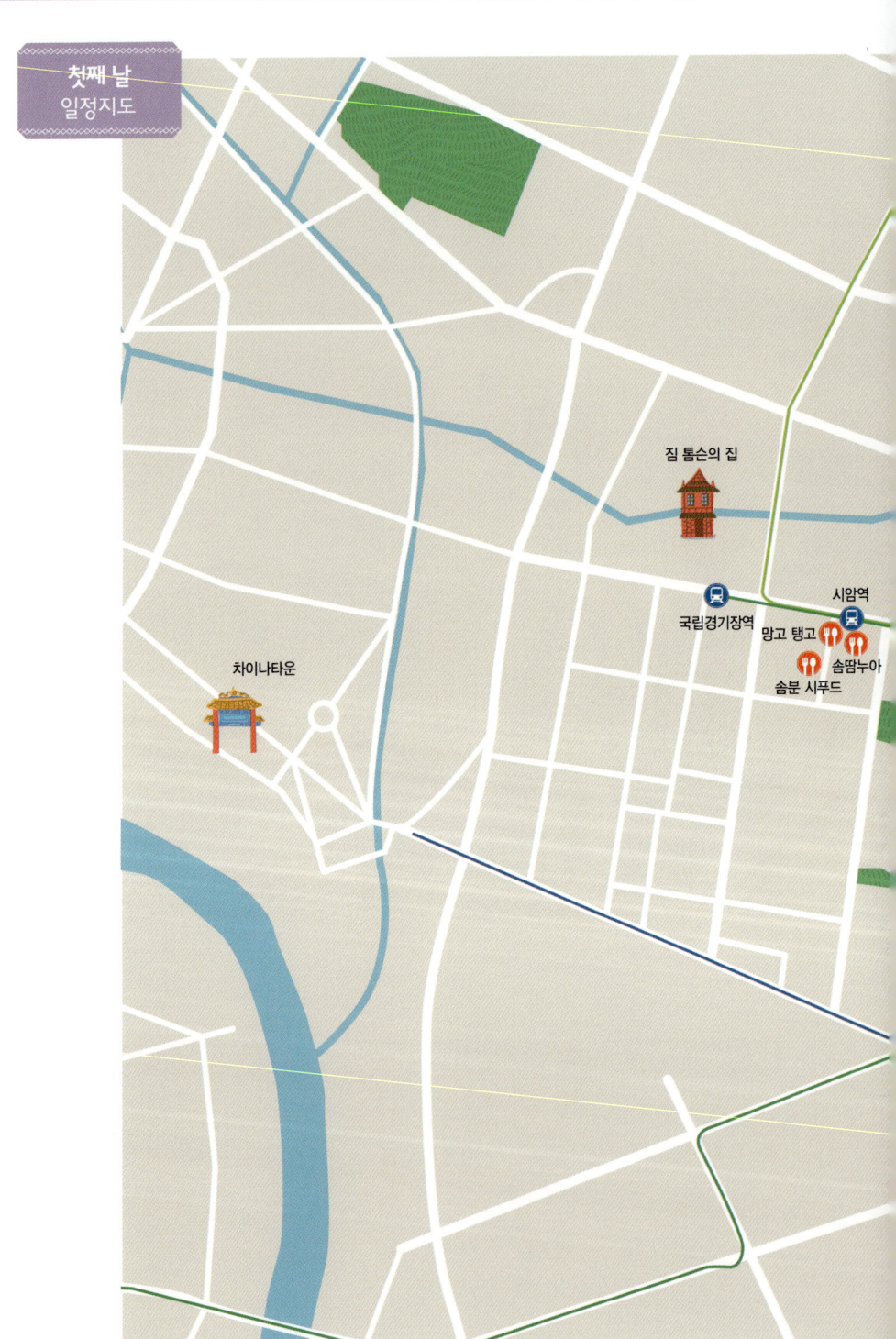

주말에만 만날 수 있는 태국 최대 규모의 시장,
짜뚜짝 주말 시장
Chatujak Weekend Market

태국에서 가장 큰 규모를 자랑하는 재래시장으로, 방콕을 여행하는 일정중에 주말이 있다면 반드시 들러야 하는 곳 중 하나다. 13만m^2(약 4만 평)에 이르는 방대한 크기의 시장에는 1만 5천 개의 크고 작은 점포들이 빼곡히 들어차 있다. 규모만큼 판매되는 물품도 다양해서 27개의 구역으로 나뉜 매장에서는 저렴한 의류, 액세서리, 인테리어 용품, 화장품, 향수 등 시장이면 흔히 볼 수 있는 일반적인 물품 외에도 동식물, 골동품, 중고서적, 도자기까지 없는 것을 찾기가 어려울 만큼 많은 물건을 판다.

아쉬운 점은 이름 그대로 주말에만 문을 여는 시장이라는 부분이다. 그러다 보니 여행 일정에 주말이 포함되어 있지 않으면 제대로 된 시장을 구경할 수 없다.

평일에도 문을 여는 가게들이 없지는 않지만 그 수가 많지 않기 때문에 대체로 썰렁하다.

전 세계 여행자들에게 소문난 시장으로 주말이면 하루 평균 30만 명이 방문할 정도라고 하니 방콕 최고의 여행 명소라고 봐도 손색이 없다. 무작정 호기심만 품고 방문하기에는 규모가 너무 크고 사람들로 북적거려서 구경하는 것만으로 대여섯 시간을 훌쩍 보낼 수도 있다. 미리 입구에 있는 안내소에서 지도를 받아서 구역을 확인한 뒤 사고 싶은 물품들을 정하면 쇼핑 시간을 줄일 수 있다.

재래시장의 장점은 흥정이 가능하다는 것이다. 우리나라 재래시장처럼 짜뚜짝 주말 시장에서도 마음에 드는 물건이 있다면 적당한 선에서 흥정해야 한다. 하지만 백화점이나 다른 지역의 상점보다 저렴한 가격으로 파는 시장이니 너무 큰 폭으로 할인을 요구하면 거절당하기 십상이다.

재래시장이기 때문에 에어컨 시설이 열악하고 골목이 좁아 푹푹 찌는 더위를 고스란히 만나기도 한다. 노점에서 가벼운 먹을거리를 사먹으면서 휴식을 취하거나 생과일주스를 마시면서 수분을 자주 섭취해주는 게 좋다.

___

이용 안내

◆ **가는 방법:** BTS 머칫(Mochit)역 1번 출구에서 도보로 1분, MRT 캄팽펫(Kamphaenghet)역 2번 출구에서 도보로 5분, 카오산로드에서 3번, 503번 버스로 40분 ◆ **주소:** 587/10 Kamphaenq Phet 2 Rd , Chatuchak, Bangkok ◆ **영업시간:** 토∼일 06:00∼18:00(월∼금 휴무)

너무 많은 사람이 몰리는 곳이라서 일행을 잃어버리는 일이 종종 발생한다. 한 장소를 정해 헤어지면 만나도록 약속을 해두는 게 좋다. 주로 시장 가운데 있는 시계탑을 만남의 장소로 많이 활용한다. 소매치기 또한 극성을 부리는 곳이라서 쇼핑에 정신을 놓고 한눈을 팔거나 사람에 밀려다니다 보면 가방이 열려 있고 지갑은 사라질 수 있다. 가방은 반드시 앞으로 메고, 중요한 물건을 잘 챙겨야 한다. 호텔을 이용한다면 호텔 안 금고에 여권이나 귀중품 등은 두고 다니는 것이 좋으며, 너무 많은 현금을 들고 다니는 일은 삼가야 한다. 구경거리가 많다고 정신을 놓고 다니면 소매치기의 표적이 되기 쉽다.

에어컨이 없는 재래시장에 관광객들마저 한꺼번에 몰려들다 보면 힘겨운 방콕의 더위는 짜증으로 변한다. 더위를 피해가며 조금이라도 편하게 쇼핑을 즐기려면 이른 아침에 찾아가는 것이 좋다. 대부분의 가게들이 문을 여는 9시부터 관광을 시작한다면 조금은 한가한 쇼핑을 즐길 수 있다. 하지만 너무 일찍 가면 문을 여느라 준비하는 상점들이 많아서 온전한 쇼핑을 즐기지 못할 수도 있다. 물을 자주 마시면서 적당한 곳에서 휴식을 취하고 쇼핑 시간을 넉넉하게 잡는 게 좋다.

짜뚜짝 주말 시장은 황학동 벼룩시장이나 동대문 시장을 한꺼번에 옮겨놓은 듯한 느낌을 주면서도 방콕만의 이국적인 분위기가 물씬 나는 곳이다. 지하철역을 나서는 순간 시작되는 시장은 깊숙이 들어갈수록 그 규모에 놀라게 된다. 판매되는 물건의 종류도 많고 시장 규모가 워낙에 크다 보니 많이 걷게 된다. 방콕의 무더위 속에서 사람에 치이다 보면 금세 지치지만 새로운 물건을 보고 싶다는 생각에 자꾸만 걷게 되는 곳이기도 하다.

뭘 꼭 사야 한다는 생각을 버리고 아이쇼핑을 하듯 시장을 돌아다니다 보면 마음에 드는 물건을 만나게 된다. 그때 적당히 흥정을 해가며 한두 개 사다 보면 서너 시간은 훌쩍 가버릴 것이다. 단순히 훑듯이 돌아보고 짧게 쇼핑을 마친다면 나중에 숙소로 돌아와서 아쉬움이 남을 수 있다. 주말에만 문을 여는 시장이라 자주 갈 수 없으니 조금만 더 시간을 두고 미로처럼 이어진 골목들을 다녀보자. 나만의 득템을 할 수 있다.

짜뚜짝 주말 시장
어떻게 가야 할까?

① MRT 캄팽펫역 2번 출구로 나온다.

② 계단을 오르고 옆으로 돌아가는 등 역사 안에서 움직여야 할 동선이 긴 편이다. 하지만 이정표가 잘 되어 있고, 이 역에 내린 사람 대부분의 목적지가 짜뚜짝 주말 시장이라 길을 헤맬 염려는 없다.

③ 출구로 나오면 바로 왼편으로 시장 입구가 보인다. 파란색 건물에 가려져 잘 보이지 않지만, 건물을 돌아들어서는 순간, 짜뚜짝 주말 시장의 엄청난 규모와 만나게 된다.

④ 시장 안에는 허름한 노점들과 골목마다 품목에 맞춰 자리를 잡은 건물들, 안팎으로 빼곡히 들어찬 1만 5천여 개의 점포들이 즐비해 있다.

⑤ 여행자뿐 아니라 현지인들도 많아 꽤 번잡하다. 일행과 헤어지거나 복잡한 시장 골목에서 길을 잃기 쉬운데, 이때 시장 가운데 있는 시계탑의 위치를 기준점 삼아 움직이면 편하게 다닐 수 있다.

짜뚜짝 주말 시장
어떻게 즐겨볼까?

길거리에 자리 잡은 매장들에서 판매하는 다양한 제품들을 둘러본다. 소소한 소품이나 여행 기념품, 지인들에게 나눠줄 선물 등 매장마다 작고 저렴한 물건들을 쌓아놓고 판매한다.

거리 쇼핑에 지쳤거나 쏟아지는 햇살이 싫다면 건물 안 깊숙이 들어가본다. 상품별로 구역이 나뉜 안으로 들어가면 나만의 아이템을 발견할 수 있다.

시장 곳곳에 있는 식당에서는 뽀얀 연기를 내뿜으며 다양한 해산물들이 익어간다. 간식이나 한 끼 식사로 맛있는 해산물을 먹어보자.

시장 구경이 지루해질 즈음, 시장 옆 짜뚜짝 공원에서 산책을 즐기거나 나무 그늘에서 여유로운 시간을 가져본다. 공원은 주말을 맞아 쉬러 나온 현지인들로 가득하다.

더위에 지쳐 그늘이나 시계탑 주변에서 휴식을 취하다 보면 도로변에서 벌어지는 길거리 공연을 볼 수 있다. 수시로 펼쳐지는 거리 공연을 즐겨본다.

오색빛깔 실크로 만나는 방콕,

짐 톰슨의 집
Jim Thompson House

태국 실크를 고급화하고 대중적으로 알리는 데 공헌했던 짐 톰슨(Jim Thompson, 1906~1967년)이라는 사람이 살던 집이다. 제2차 세계대전이 한창이던 1945년 OSS(CIA의 전신) 장교였던 짐 톰슨은 동남아 지역으로 발령받으면서 방콕에 머물게 된다. 건축가이자 모험가이기도 했던 그는 방콕에서 만난 태국 실크의 아름다움에 매료된다. 전쟁이 끝나고 본국으로 돌아갔던 짐 톰슨은 태국 실크를 대중화시켜야겠다는 결심으로 다시 방콕에 돌아와 자신의 이름을 단 '짐 톰슨 타이 실크(Jim Thompson Thai Silk)'를 생산하기 시작한다. 그의 노력으로 태국 실크는 고급화·대중화되었으며, 지금은 태국을 방문하는 여행자들의 구매목록에 반드시 들어있는 중요한 아이템 중 하나가 되었다.

    실크 판매로 성공해서 큰돈을 번 짐 톰슨은 크롱 쌘쌥 부근에 집을 지었는데, 그것이 지금은 관광객들에게 사랑받는 명소로 발전했다. 정원을 감싸고 있는 여섯 채의 집은 200년 이상 된 티크목으로 지어진 것으로, 짐 톰슨이 태국 각지를 돌며 직접 구입한 자재로 지은 것이다. 오래된 목조 주택을 사들여 집을 짓고, 골동품·도자기·회화·불상들을 수집해 정원을 꾸몄다. 그 중 상당수는 차이나타운의 나콘 카셈(Nakhon Kasem)이나 아유타야 지방에서 구입했다고 한다.

    이것저것 공들이고 사들인 덕에 짐 톰슨의 집은 박물관을 온 것 같은 착각을 불러일으킨다. 하지만 짐 톰슨은 안타깝게도 이 집에서 오래 살지 못한다. 1967년 말레이시아의 카메룬 하일랜드(Cameroon Highland)로 여행을 떠난 뒤 영영 돌아오지 못했기 때문이다. 많은 사람이 그를 찾기 위해 동원되었지만 그의 시신조차 찾지 못했다. 결국 그의 실종은 아직도 미스터리로 남아 있다.

이용 안내

◆**주소**: 6 Soi Kasem San 2, Rama 1 Rd., Bangkok ◆**운영시간**: 09:00~18:00 ◆**전화번호**: 02-216-7368 ◆**입장료**: 어른 150B, 학생 100B(22살 이하) ◆**홈페이지**: www.jimthompsonhouse.com

> **Tip**
> 짐 톰슨의 집 내부는 단체 관람만 가능하다. 매표소에서 입장권을 구매하면 원하는 언어를 선택할 수 있다. 이때 영어·태국어·일본어·중국어 가운데 하나를 선택하면 시간을 지정해준다. 배정된 시간이 될 때까지 외부 정원을 관람하다가 시간이 되면 지정된 가이드와 내부 관람을 하면 된다. 내부 관람 시 사진 촬영은 금지되어 있다.

처음 태국으로 여행을 가면 짐 톰슨에 대한 이야기를 자주 듣게 된다. 태국에서 명품으로 취급하는 실크를 파는 매장도 쉽게 접할 수 있다. 실크 제품은 다소 비싼 감이 없지는 않지만, 한국으로 돌아오는 가방 안에 짐 톰슨 제품을 한두 개쯤 챙기지 않은 여행자가 없을 정도다. 태국 실크를 명품 반열에 올려놓은 짐 톰슨 못지않게 그가 살았던 집도 유명하다. 주택가 골목 깊숙한 곳에 이렇게 멋진 공간이 있을까 싶을 만큼 크고 아름다운 정원이 있는 태국 전통 가옥이라서 신기하다. 짐 톰슨이 태국 전역을 돌며 알뜰히 수집한 다양한 유물들도 전시하고 있어서 작은 전시관을 방문하는 기분도 든다.

내부를 관람할 때 한국어 서비스를 하는 가이드가 없어서 안타깝지만, 도심에서 즐기는 가벼운 여유의 마음으로 이곳을 찾으면 좋다. 번화한 방콕 도심의 화려한 쇼윈도에 정신이 팔리다 보면 관심 밖으로 밀릴 수도 있는 곳이 짐 톰슨의 집이다. 실제로 많은 여행자들의 일정에 대부분 빠질 때가 많다. 하지만 시암역에서 도보로도 방문 가능한 곳이니 잠깐의 휴식을 위해서라도 찾아볼 만하다.

짐 톰슨의 집
어떻게 가야 할까?

① 방와역과 국립경기장역을 연결하는 BTS 실롬 노선을 탄 뒤 종점인 국립경기장역에서 내려 1번 출구로 나간다.

② 출구를 나오면 한적한 도로와 마주하게 되고, 정면 왼쪽으로 파란색 이정표가 보인다.

③ 이정표가 무성한 화분이나 입간판 등에 가려 눈에 잘 띄지 않을 수 있으니 주의해야 한다. 입간판 앞에서 우측 골목으로 들어간다.

④ 골목 역시 한적하다. 이 길을 걷는 대부분의 사람들은 짐 톰슨의 집으로 간다.

⑤ 골목을 꽤 깊이 오랫동안 걷는다. 골목 끝 막다른 곳까지 걷는다는 생각으로 걸어야 한다.

⑥ 계속 걷다 보면 왼편으로 짐 톰슨의 집 간판이 보인다. 그 간판이 있는 문을 살짝 지나쳐 조금 더 걷는다.

⑦ 벽에 파란색으로 짐 톰슨의 집을 알리는 간판을 볼 수 있다.

⑧ 입구를 들어서면 우측에는 매표소가 있고, 좌측에는 실크 제품을 만들기 위해 실을 뽑는 모습을 시연하고 있다.

⑨ 표를 끊고 안으로 들어가서 안내를 받으면 된다. 표에 관람 시간이 적혀 있다. 관람 시간까지 대기 공간에서 기다리거나 미리 정원을 둘러보면 된다.

⑩ 관람을 마치고 나올 때는 15분 간격으로 입구에서 국립경기장역까지 무료로 운행하는 툭툭을 타면 좀더 편하게 역으로 갈 수 있다.

짐 톰슨의 집
어떻게 즐겨볼까?

매표소 앞에서는 꼬치에서 실을 뽑고 색을 입히는 과정을 보여준다. 화려하기보다 은은한 색을 띤 고운 실이 물레에 감기는 모습을 볼 수 있다.

짐 톰슨의 집은 늘 푸른 나무들이 무성하게 자라고 있다. 잎이 큰 활엽수들이 만든 푸른 정원은 도심에서 신선한 자연을 느끼게 한다. 작은 연못과 태국 곳곳에서 수집한 불상과 골동품들이 구석구석에 있으며, 전시물들을 모아놓은 목조 주택들이 입장을 기다리는 짧은 시간을 지루하지 않게 도와준다.

정원을 걷다 보면 산책로 주변에 놓여 있는 커다란 항아리를 볼 수 있다. 물이 가득 담긴 항아리 속에는 작은 물고기가 한 마리씩 들어 있는데, 수면 위로 손가락을 가져가면 물고기가 손가락 끝으로 다가온다. 신기하게도 손가락을 움직이면 그 끝을 따라 물고기가 따라다닌다.

원하는 언어를 선택한 뒤 가이드를 따라 내부 관람을 할 수 있다. 안타깝게도 한국어 안내가 없으니 영어 가이드를 따라 들어간다. 짐 톰슨이 살았던 흔적들과 창밖 풍경들, 옛집의 고풍스러움을 느껴보면 좋을 것이다.

짐 톰슨의 집에서 운영하는 레스토랑에서는 음료와 식사를 판매한다. 작은 연못 옆에 자리를 잡은 레스토랑의 음식은 태국의 전통식보다 향신료를 적게 써서 관광객들의 입맛에 적당하다. 굳이 식사가 아니더라도 연못 옆 테이블에 앉아서 차를 마시면서 땀을 식혀도 좋을 듯하다.

짐 톰슨 매장에서는 다양한 실크 제품을 판매한다. 태국 실크를 고급 제품으로 변모시킨 짐 톰슨 덕분에 풍부한 색감을 자랑하는 다양한 실크를 만날 수 있다. 매장을 둘러보는 것만으로도 눈 호강을 할 수 있다. 가격이 저렴하고 선물용으로 좋은 손수건, 스카프 등을 구입해도 좋다.

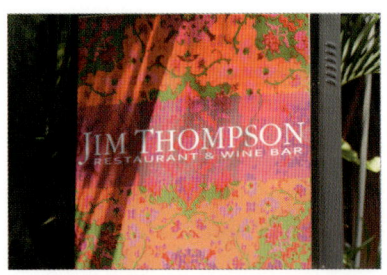 

BTS가 서로 교차하는 방콕의 명동,
시암
Siam

방콕의 현주소를 적나라하게 보여주는 곳이다. 서울에 명동이나 홍대거리가 있다면 방콕에는 시암이 있다. BTS 노선들이 서로 만나는 교통의 요지라서 환승을 겸해서 잠시 쉬어가는 사람들과 쇼핑을 나온 관광객들로 언제나 북적거린다. 특히 시암 파라곤, 시암센터, 시암 디스커버리, 마분콩 등 대형 쇼핑몰이 몰려 있어서 방콕의 패션 리더는 물론 20대 젊은 여성들과 대학생들이 모이는 곳으로도 유명하다. 근처에 태국의 명문대학인 출랄롱코른대학교(Chulalongkorn University)가 있어 매장 안 스타벅스에서는 한국과 마찬가지로 대학생들이 노트북을 앞에 두고 공부하거나 토론하는 모습을 쉽게 볼 수 있다.

시암에는 명품 매장만 있는 게 아니다. 이미테이션 제품을 판매하는 매장과 저

렴한 액세서리나 전자제품, 복고풍 의상을 파는 노점들도 모여 있어 관광객들에게 더 큰 사랑을 받고 있다. 이렇듯 시암의 각 쇼핑몰들은 같은 듯 다른 특징이 있으며, 차별화된 자기만의 개성으로 사람들을 불러 모으고 있다.

이용 안내

◆ **주소**: Rama 1 Rd., Khwaeng Wang Mai, Khet Pathum Wan, Bangkok ◆ **영업시간**: 10:00~21:00(상점 및 쇼핑몰마다 상이)

Tip
시암 관광은 호불호가 갈리는 코스다. 몇몇 쇼핑몰을 한꺼번에 몰아보는 일정이라 한두 군데를 둘러보다 보면 금세 식상해질 수도 있고, 각기 다른 콘셉트을 구경하느라 시간가는 줄 모를 수도 있다. 무작정 쇼핑몰들을 돌아다니지 말고, 무엇을 살 것인지를 결정한 뒤 시간을 안배하며 둘러보는 게 좋다.

　　쇼핑몰의 어느 층에서는 용산 전자상가를 걷는 듯한 착각이 들고, 또 어느 층에서는 동대문 시장을 걷고 있는 듯한 착각에 빠져든다. 좁은 복도에 다닥다닥 들어앉은 노점에서는 자잘한 액세서리와 매니큐어, 향수 등 저렴한 화장품들이 수북이 쌓여있고, 화려한 조명을 밝힌 좁은 매장 안에는 휴대전화와 스마트 패드, 컴퓨터 부품, 신기한 전자제품들이 가득하다. 시암의 화려한 쇼핑몰에 가려 있었으나 분주하게 움직이는 사람들로 언제나 생동감이 넘치는 마분콩의 진가가 입소문을 타면서 최근에는 점점 관광객들이 늘어나는 추세다.

시암
어떻게 가야 할까?

① 짐 톰슨의 집 관람을 마치고 다시 국립경기장역으로 나온다. 국립경기장역에 도착하면 처음 나온 1번 출구가 보인다. 참고로 시암까지는 BTS로 한 정거장으로 BTS를 타도 상관없다.

② 1번 출구를 지나 시암역 방향으로 걸어간다.

③ 걸어가다 보면 왼편에 풍성한 가슴을 가진 여인상과 만나게 된다. 대부분의 여행자들은 이 앞에서 발을 멈추고 인증샷을 찍는다.

④ 길 건너편으로 계단이 보이면 시암역에 도착한 것이다. 더불어 요란한 소리를 내며 지나가는 BTS도 보일 것이다.

⑤ 계단을 올라가면 시암의 풍경이 발아래 펼쳐지고, 맞은편으로 시암 관광의 시작점인 마분콩으로 들어가는 입구를 만날 수 있을 것이다.

시암
한눈에 보기

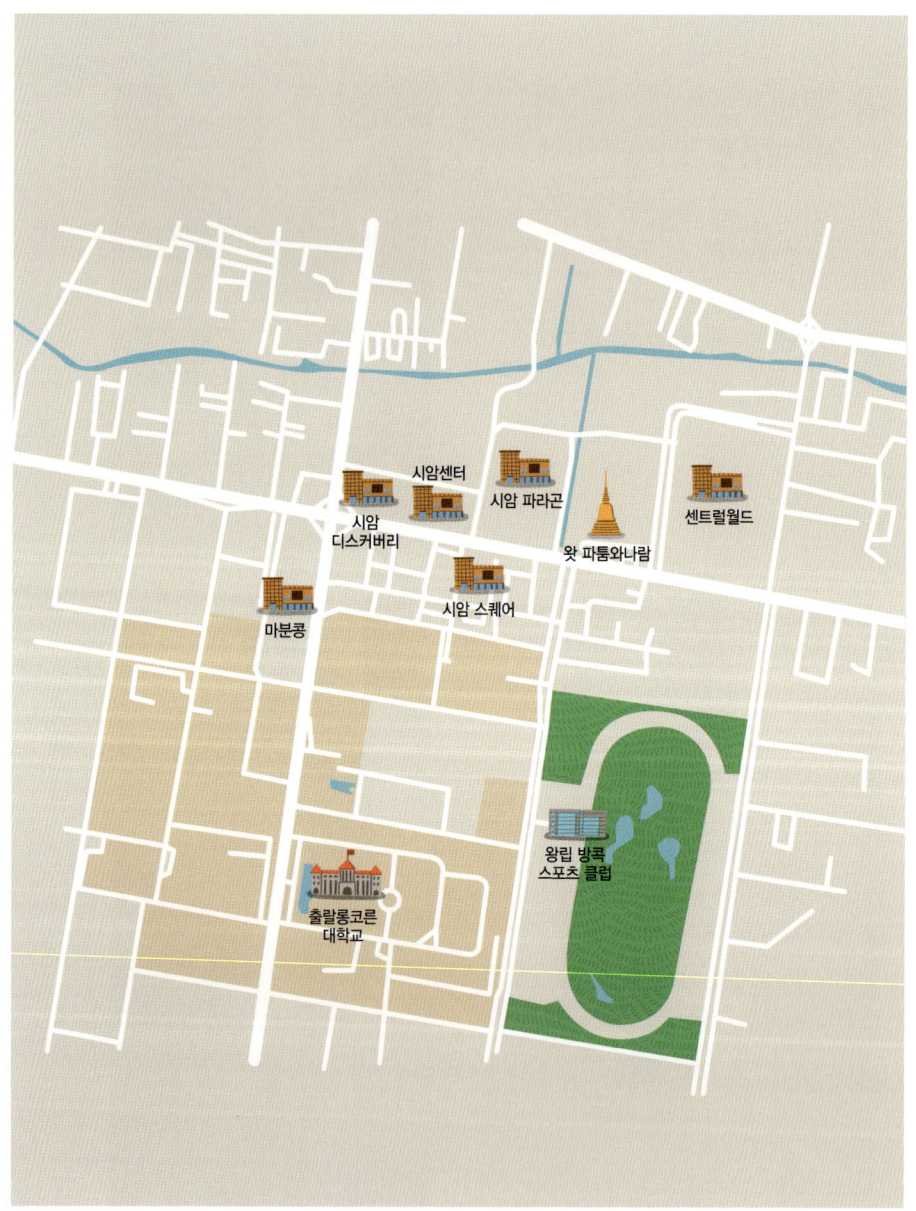

시암
어떻게 즐겨볼까?

마분콩(MBK Center)
2천여 개의 매장이 빼곡히 들어차 있는 8층 쇼핑몰이다. 유명 브랜드보다는 중저가의 저렴한 제품들이 많아 관광객들이 기념품을 사거나 현지에서 사용할 만한 물건들을 많이 사오는 곳이다. 특히 신발·의류·가방·향수 등의 이미테이션 제품들을 저렴하게 판매하고 있어서 미처 준비하지 못한 짧은 여름용 의류나 소소한 화장품을 구매하려는 여행자들이 많다. 중앙 통로를 따라 지그재그로 이어진 에스컬레이터를 타고 현지인들의 일상에 동참하는 재미도 쏠쏠하고 신기한 전자제품을 체험하다 보면 시간가는 줄 모를 것이다. 7층에 있는 SF 시네마(SF Cinema)를 비롯해 서울 어디서나 볼 수 있는 익숙한 풍경을 만날 수 있어서 시암의 여러 쇼핑몰 가운데 가장 정감이 가는 곳이다.

주소: 444 Phayathai Rd., Bangkok   영업시간: 10:00~22:00   홈페이지: www.mbk-center.co.th

시암센터(Siam Center)

4층 쇼핑몰로, 바로 옆에 있는 시암 파라곤과 연결되어 있어서 두 쇼핑몰을 자유롭게 오갈 수 있다. 층이 낮은 대신 매장 자체가 넓어서 시원한 느낌을 준다. 특히 젊은 층을 겨냥한 콘셉트에 맞게 캐주얼한 브랜드와 인기 있는 외식 업체가 입점하고 있다. 디저트 맛집으로 사랑 받는 카페 그레이하운드, 소녀풍 인테리어로 여행자들이 몰리는 오드리 레스토랑, 태국에서 사랑받는 캐주얼 한식 브랜드 스쿨푸드도 입점해 있다. 하지만 시암센터의 여러 맛집 중 가장 사랑받는 집은 뭐니뭐니 해도 솜땀누아다.

가는 방법: BTS 시암역 1번 출구 주소: 979 Rama 1 Rd., Pathum Wan, Bangkok 영업시간: 10:00~21:00 전화번호: 02-658-1000 홈페이지: www.siamcenter.co.th

시암 파라곤(Siam Paragon)

2005년 문을 열면서 시암이 쇼핑거리가 되는 데 일조한 곳이다. 시암센터보다 고급스러운 느낌을 풍기는 곳인데 유니클로, 자라, GAP, H&M과 같은 패스트 패션브랜드부터 샤넬, 프라다 등 명품 브랜드, 태국 전통 의류제품을 판매하는 매장이 다양하게 영업중이다. 지하에는 고메마켓(Gourmet Market)과 대형 아쿠아리움을 갖춘 오션 월드(Ocean World) 등이 있다. 특히 시암센터와 시암 파라곤을 연결하는 광장과 1층의 넓은 전시공간에서는 언제나 전시와 이벤트가 이어져서 다양한 볼거리들을 만날 수 있다.

주소: 991/1 Rama 1 Rd., Pathum Wan, Khet Pathum Wan, Bangkok 영업시간: 10:00~22:00 전화번호: 02-610-8000, 02-690-1000 홈페이지: www.siamparagon.co.th

센트럴월드(Central World)

리모델링을 통해 더욱 큰 규모로 거듭난 곳이다. 좌우에 젠(Zen), 이세탄(Isetan) 백화점과 연결되어 있고, 500여 개의 상업 시설과 100개 이상의 식당이 모여 있다. 건물 앞 넓은 공터는 전시 공간으로 개방하면서 다양한 조형물과 설치 미술들이 전시되어 있어서 오가는 관광객들의 발걸음을 잡는다.

주소: Central World, 999/9 Rama 1 Rd., Pathum Wan, Bangkok 전화번호: 02-021-9999 홈페이지: www.centralworld.co.th

> **Tip**
>
> 방콕 도심을 여행하다 보면 MRT 선로를 따라 길게 이어진 스카이워크(Sky Walk)를 볼 수 있다. 보행자 전용 도로인 스카이워크는 무더운 방콕의 햇살을 피할 수 있는 그늘을 만들어주며, 정체가 심한 도로를 피해 쾌적하게 인근 지역으로 이동할 수 있게 도와준다. 마분콩에서 시암센터로 이동하거나 역과 역 사이를 오갈 때도 유용하게 활용할 수 있다.

시암 디스커버리(Siam Discovery)

명품 브랜드뿐만 아니라 디젤·캘빈클라인·DKNY·아디다스·크록스 등 다양한 캐주얼 브랜드가 입점해 있는 쇼핑센터다. 4~5층에 자리한 인테리어 매장 로프트가 둘러볼 만하며, 마담 투소가 있는 6층에 더 나인스 카페, 트루 커피 등의 카페와 아웃백 스테이크하우스 같은 레스토랑이 밀집해 있다.

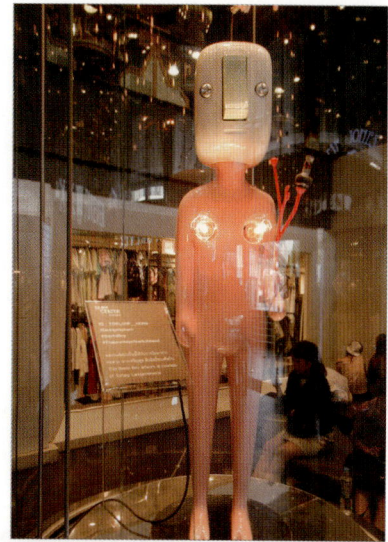

가는 방법: BTS 시암역 1번 출구 또는 국립경기장역에서 도보로 3분 **주소:** 989 Rama 1 Rd., Pathum Wan, Bangkok **영업시간:** 10:00~22:00 **전화번호:** 02-658-1000 **홈페이지:** www.siamdiscovery.co.th

방콕에서 꼭 사야 할
쇼핑 리스트

어느 나라를 방문하든 여행을 기억하고 추억하기에 좋은 방법 중 하나는 그곳에서 특별한 기념품을 구입하는 것이다. 방콕 방문자들의 가방에 담기는 기념품들 중에는 태국의 냄새가 물씬 풍기는 것들도 많지만, 흔히 볼 수 있는 제품이라도 태국에서 만들어진 것이 가성비가 좋은 제품들도 한몫한다. 태국 여행자들이 많이 사오는 쇼핑리스트들은 다음과 같다.

맛있다

인기 아이돌 슈퍼주니어의 멤버인 규현의 얼굴이 커다랗게 들어간 김과자다. 포장지 한편에 쓰인 한글이 친숙하게 느껴지는 과자로, 한국의 김과 달리 조금은 눅눅하고 대단한 맛은 아니지만 저녁에 심심풀이로 먹기에도 나쁘지 않다. 포장지에 규현의 얼굴이 들어가 있어 신기한 마음에 기념 삼아 사오는 사람들이 많다. 기내에 들고 탈 경우 미리 작은 구멍을 내놓지 않으면 기압차에 의해 빵빵하게 부풀어 오르니 주의해야 한다.

나라야 파우치

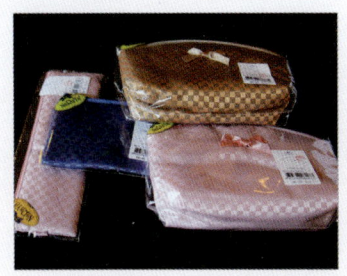

나라야(Naraya) 매장은 중국 관광객들이 싹쓸이하는 것으로 유명한 파우치를 비롯해 다양한 가방과 소품 등을 파는 곳으로, 한국에서도 매장을 운영했었다. 여기에서 판매하는 제품들은 디자인도 다양하고 가격도 저렴해 인기가 많은 편이다.

선실크 헤어팩

수질이 좋지 않은 태국이다 보니 헤어 제품을 만드는 기술이 뛰어나다는 평가를 받는다. 그 중에서도 선실크 헤어팩은 제품이 좋으면서 가격도 저렴해서 방콕 여행자들에게 거의 필수가 된 아이템이다. 장바구니 속에 다양한 색상과 종류의 제품을 담는 여행자들을 쉽게 발견할 수 있다.

스타벅스 텀블러

요즘은 각 도시를 돌며 그 지역을 상징하는 텀블러를 수집하는 사람이 늘고 있다. 심지어 이것을 위해 여행을 한다는 사람도 있을 정도다. 방콕의 스타벅스에서는 태국·방콕·치앙마이·파타야 텀블러를 함께 판매하고 있다. 아쉽게도 태국의 유명한 유적지인 아유타야를 상징하는 텀블러는 아직 없다고 한다.

로레알 엑스트라 오디네리 오일

'마법의 만능 오일'이라고 불리는 제품으로 손상된 모발을 되살려주는 효과가 탁월하다고 알려져 있다. 면세점에서도 저렴하게 판매되고 있지만 방콕의 화장품 매장에서 더욱 저렴하게 살 수 있다고 알려지면서 여행자들의 필수 구매 아이템으로 자리 잡았다.

벤자롱

짜뚜짝 주말 시장이나 아시아티크 등을 두리번거리다 보면 자주 눈에 띄는 작은 도자기다. 알록달록한 무늬로 장식된 그릇이나 찻잔의 화려함은 여행자들의 발길을 사로잡는다. 깨질 수도 있는 물건이라 꼼꼼히 포장해서 기내에 들고 오는 수고스러움이 있음에도 아기자기한 아름다움에 찾는 사람이 많다.

야돔

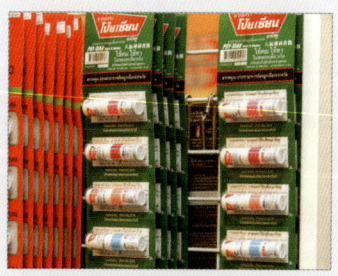

막힌 코를 뻥 뚫어주는 시원한 효과 때문에 방콕에 입국한 그 순간부터 야돔을 입에 달고 다니는 여행자들이 많다. 뛰어난 효과에 저렴하기까지 해 여행자들의 지갑을 열게 만든다. 짜뚜짝 주말 시장을 비롯해 방콕의 쇼핑몰 곳곳에서 판매되고 있다.

무드등

야시장을 돌아다니다 보면 가게마다 판매하는 화려한 무드등을 볼 수 있다. 작은 구슬이 올망졸망 매달린 성탄 트리를 닮은 구슬등부터 기린이나 얼룩소 등 다양한 동물 모양의 나무 조각에 작은 전구를 넣은 무드등도 판매한다. 모유 수유중인 지인을 위해 수유용 전등으로 선물하려는 사람들에게 제격이다. 방콕에서 판매하는 무드등은 11자형 코드라 한국에서 쓰려면 돼지코 모양의 젠더가 필요하다.

방콕 속 작은 중국을 느낄 수 있는 곳,
차이나타운
Chinatown

차이나타운은 방콕을 건설한 라마 1세가 만든 곳이다. 라마 1세는 방콕을 새로운 수도로 결정하면서 야왈랏(Yaowarat) 일대를 집단 거주 공간으로 만들어 방콕에 자리를 잡고 있던 중국인들을 이주시켰다. 그리고 그들을 왕궁과 수도 건설 노동자로 활용한다. 수도 건설이 끝난 차이나타운은 이주해 살고 있던 중국인들뿐만 아니라 수도 건설에 참여한 중국인 노동자와 상인들까지 가세하면서 규모가 급격하게 커진다. 이후 인근 파후랏(Phahurat)에 인도인들이 들어오면서 지금의 규모로 성장했고, 방콕 여행자들에게 또 하나의 여행지로 자리를 잡았다.

지금의 차이나타운은 거리를 어지럽게 뒤덮은 중국어 간판과 중국 사원들이 한데 엉켜 방콕 안에 있는 작은 중국의 모습을 하고 있다. 중국어 간판 아래 재래시

장과 약재상, 샥스핀 가게, 제비집 요리 전문점, 딤섬 가게, 중국식 사원, 보석 가게 등이 자리 잡은 이곳에서는 구하기 힘든 귀한 약재들이나 중국 본토에 뒤지지 않는 요리를 쉽게 만날 수 있다.

인구의 10% 이상을 차지하고 있는 태국의 화교는 태국 경제의 상당수를 장악하고 있을 만큼 경제적으로 부유하다. 하지만 그들은 아직도 이곳에서 전통을 간직한 채 자신들의 삶을 이어가고 있다. 그러다 보니 차이나타운을 걷다 보면 아직도 중국 방언으로 대화를 나누는 화교들의 모습을 흔하게 만날 수 있다.

이용 안내

◆ **주소:** 481 Yaowarat Rd., Samphanthawong, Bangkok

> **Tip**
>
> 차이나타운은 의외로 볼거리가 많은 곳이다 보니 서너 시간 관광으로는 부족하다고 느껴질 수도 있다. 어떤 여행자들은 이곳에서만 꼬박 하루를 보냈다고 할 정도다. 수많은 인파와 복잡한 골목들 때문에 여행자들의 아마존이라고도 불리는 차이나타운은 낮보다는 밤에 찾아가면 더 많은 것을 볼 수 있다고 알려진 곳이다. 좁은 골목들이 복잡하게 얽혀 있어서 맛집·사원 등을 찾아가거나 구경을 하다가 종종 길을 잃기도 한다. 그러니 너무 촉박하게 다니지 말고 한두 번은 길을 잃을 각오와 함께 조금은 여유를 두고 다녀오는 게 좋다. 자신의 체력과 일정을 고려해 방문 시간을 결정하면 좀더 많은 것을 볼 수 있다.

차이나타운은 찾아가기가 쉽지 않다. 다녀온 사람도 종종 길을 잃는 곳이라 차이나타운을 가다 보면 도로 위에서 길을 잃은 외국인들을 자주 만나게 된다. 쉽게 지치는 무더운 방콕에서 체력 소모를 줄이려면 편하게 택시를 이용하도록 하자. 시암에서 시간을 많이 지체해서 차이나타운을 방문할 시간이 부족하다면 날을 따로 잡아 수상보트를 타고 랏차웡(Ratchawaong) 선착장에서 차이나타운으로 들어가는 것도 하나의 방법일 수 있다.

좁은 길과 사람들로 북적거리는 골목으로 이루어진 차이나타운은 갈 때마다 애니메이션 〈센과 치히로의 행방불명〉을 떠오르게 한다. 골목 어디쯤에서 애니메이션 등장인물들이 툭툭 튀어나올 것 같은 느낌이 드는 것은 종종 비슷한 장면들과 만나기 때문이다. 차이나타운은 갈 때마다 길을 잃는다. 가다가 만나는 신기한 장면들. 처음 보는 풍경에 잠깐 넋을 놓다 보면 나도 모르는 곳에 서 있고는 한다. 처음 차이나타운을 찾았을 때는 5시간을 무더운 아스팔트 위에서 맴돌다 지쳐 결국 후아람풍역으로 다시 돌아와야 했다.

낮과 밤의 다른 모습. 풍부한 길거리 음식들로 인해 잠시라도 짬이 나면 일부러 차이나타운으로 스며들고는 했다. 차오프라야 강변에서 어둑해지는 저녁 시간을 맞이하고 있다면 차이나타운으로 들어가는 일은 더없이 간단하다. 배에서 내려서는 순간, 복잡한 차이나타운 풍경이 바로 시작되기 때문이다.

쇼핑을 위해서라도 차이나타운은 둘러볼 만하다. 스마트폰과 관련된 부품들을 비롯해 다양한 전자제품을 저렴하게 구입할 수도 있다. 물론 제품에 너무 큰 기대는 하지 않는 것이 좋다. 홍콩이나 대만의 야시장을 돌아다니거나 동대문 시장의 좁은 골목을 누비는 기분을 방콕 한복판에서 느껴보자.

차이나타운
어떻게 가야 할까?

① 후아람퐁역 1번 출구로 나온다. 역을 나오면 우측으로는 후아람퐁역, 좌측으로는 도로와 공원이 보인다. 공원 방향으로 횡단보도를 건넌다.

② 횡단보도 건너편으로 주차장과 관리동이 있는 건물이 보이는데 그 건물을 따라 돌아나간다.

③ 건물 옆으로 돌아나가면 도로가 보이고, 맞은편으로 작은 개천과 다리를 볼 수 있다.

④ 다리를 건넌다. 이때부터 길은 복잡해지고 차들이 많아진다.

⑤ 다리를 건너 좌측으로 걸어간다.

⑥ 차들이 신호를 받기 위해 늘어서는 오거리와 교통관제소를 만나게 된다.

⑦ 교통관제소와 건물 사이 좁은 길을 지나 우측으로 방향을 잡는다.

⑧ 쭉 뻗은 길을 따라 걸어간다.

⑨ 조금씩 화교들이 운영하는 상점들이 보이기 시작하고, 중국어가 적힌 간판들이 많아진다.

⑩ 계속해서 걷다 보면 또다시 교통관제소가 있는 오거리를 만나게 된다.

⑪ 그 중 가장 정면에 있는 도로로 들어간다.

⑫ '만화육대금행(萬和陸大金行)'이라는 건물이 보일 것이다. 그 골목을 따라 들어간다.

⑬ 좁은 길 양편으로 해산물을 판매하는 레스토랑들이 밀집해 있는 길이 길게 이어진다.

⑭ 좀더 걷다 보면 도로 끝에 사람들이 모여 있는 파란색 건물을 만나게 된다. 차이나타운에서 시푸드 메뉴를 맛보기 위해 관광객들이 자주 찾는 '쏘이 텍사스(Soi Texas)'가 이곳이다.

⑮ 쏘이 텍사스 앞에서 만나는 골목이 바로 차이나타운이다.

차이나타운 한눈에 보기

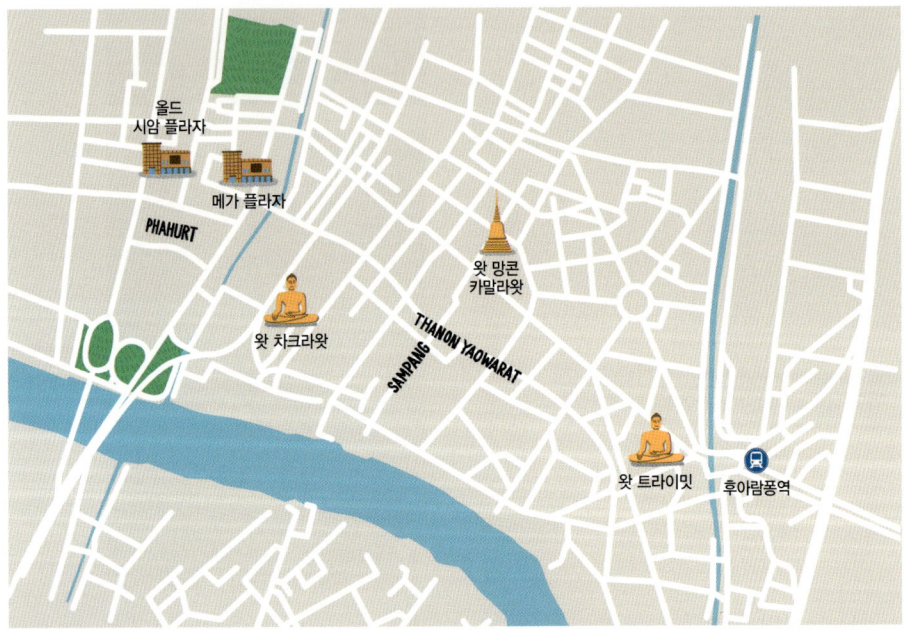

차이나타운
어떻게 즐겨볼까?

후아람퐁역(Hua lamphong)

1916년에 건설된 방콕을 대표하는 기차역으로 우리나라의 서울역과 같은 곳이다. 태국의 각 지역으로 가는 기차들은 대부분 이곳에서 출발한다. 20세기 초기 건축물의 멋스러움을 잘 보여주던 역사는 1998년 보수 공사와 리모델링을 거쳐 새롭게 태어났다. 24시간 각 지역으로 기차가 운행되는 역이라서 여행자들의 편의를 위해 짐 보관소, 샤워장, 서점, 푸드 코트, 여행사, ATM 등 다양한 부대시설이 있다.

운영시간: 24시간   전화번호: 02-223-7010

야왈랏로드(Thanon Yaowarat)

차이나타운의 메인 도로로, 1.5km의 거리는 중국어 간판으로 어지럽게 뒤엉켜 있다. 엄청난 인파에 섞여 거리에 휩쓸리다 보면 여기가 방콕인지 중국인지 헷갈릴 정도다. 중국 여행에서나 만날 수 있는 약재·제기·향·홍등·부적 등을 판매하는 상점들, 국수·만두·딤섬·샥스핀·오리구이 등 다양한 먹거리들을 파는 노점과 음식점이 복잡하게 얽혀 있다. 어둠이 깊어지면 차량이 줄어들고 노점들이 거리에 나타나기 시작한다.

삼펭(Sampeng)

차이나타운에서 가장 먼저 만들어진 거리로, '쏘이 와닛 능(Soi Wanit 1)'이라고도 불린다. 1km 가량 이어지는 이 거리는 액세서리·가방·옷감·의류·캐릭터 용품·시계·보석·약재 등을 판매하는 가게들이 복잡하게 뒤엉켜 있어 거리보다는 시장 같은 느낌을 준다. 다양한 물건을 판매하는 상점가다 보니 여행자들과 현지인들로 언제나 복작거려서 가장 복잡한 시간에 동대문 시장에 와 있는 듯한 착각이 들고는 한다.

왓 트라이밋(Wat Traimit)

후아람퐁역에서 서쪽, 차이나타운 입구 동쪽에 있는 사원으로 세계에서 가장 큰 황금불상을 모시고 있다. 불상은 수코타이 양식의 온화한 이미지로 높이가 3m, 무게가 5.5톤에 달한다. 돈으로 환산하면 무려 1,400만 달러나 된다.

가는 방법: 후아람퐁역에서 서쪽으로 걸어서 10분 **주소:** Wat Traimit, Mittaphap Thai-China Rd., Talat Noi, Samphanthawong, Bangkok **운영시간:** 황금불상 08:00~17:00 2·3층 전시실 화~일 08:00~16:30(월요일 휴무) **전화번호:** 02-623-3329~30 **입장료:** 황금불상 40B, 2·3층 전시관 100B **홈페이지:** wattraimitr-withayaram.com

파후랏(Phahurat)

화교들이 몰려있는 차이나타운처럼 인도인들이 몰려있는 곳으로 '리틀 인디아(Little India)'라고 불린다. 인도인들의 거리라서 차이나타운 안에서 색다르고 새로운 모습으로 여행자들을 맞이한다. 무슬림들에게 필요한 종교 용품, 인도 전통 복장인 사리(Sari)와 펀자비(Punjabi), 인도 영화나 음악 CD, 인도에서나 구매 가능한 의류 등 여러 가지 물품을 판매한다. 또한 인도 레스토랑들이 몰려 있어서 다양한 인도 음식을 맛볼 수 있다.

주소: Khwaeng Wang Burapha Phirom, Khet Phra Nakhon, Bangkok

왓 차크라왓(Wat Chakrawat)

라마 3세 때에 만들어진 사원으로 태국에서 두 번째로 중요한 불상인 프라방(Phra Bang)을 안치했던 곳이다. 사원 내부에는 크메르 양식의 탑인 쁘랑과 차오프라야 강과 연결되는 수로를 이용해 만든 작은 연못이 있다. 특히 이곳에는 부처의 그림자라 불리는 신기한 그림이 있어서 유명세를 더한다. 불당 오른쪽 작은 동굴 안에 사람 모양의 그림자가 벽면을 장식하고 있는데, 이 모습이 부처님을 닮았다고 전해진다.

주소: Chakkrawat, Samphanthawong, Bangkok 전화번호: 02-688-9202 운영시간: 08:00~16:00

활기찬 낮과 화려한 밤의 두 가지 얼굴을 가진 곳,
나나와 아속
Nana & Asok

머칫역과 베링역을 연결하는 BTS 노선의 가운데에 있는 지역이다. BTS노선을 따라 길게 이어진 방콕에서 가장 긴 도로가 관통하는 곳이기도 하다. 이 도로는 캄보디아와 국경을 접하고 있는 트랏(Trat)까지 이어진다. 상업과 유흥의 중심지인 나나와 아속에 통로역, 에까마이역 등의 긴 도로를 일러 '수쿰윗 지역'이라고 표현한다. 이 지역에는 호텔과 고급 레스토랑, 마사지 숍은 물론이고 크거나 작은 사무실과 주거공간들이 한꺼번에 몰려 있어서 가장 도시다운 느낌을 보여준다.

또한 낮과 밤이 확연히 다른 모습으로 변신하는 지역으로도 유명하다. 낮에는 직장인들과 호텔에서 여유로운 시간을 즐기거나 고급 쇼핑몰과 숨어 있는 골목 레스토랑을 찾아다니는 여행자들이 대부분이라면, 밤에는 후미진 골목에 성인 쇼를

전문으로 하는 업소들이 홍등을 밝힌다. 또한 골목을 지나면 여행자를 상대로 흥정하는 거리의 여자들을 심심찮게 만나는 곳이기도 하다. 특히 밤이면 좁은 도로변으로 쏟아져 나오는 노점상들로 인해 인도는 거대한 야시장으로 변신하기도 한다.

나나역 인근에 숙소를 잡은 여행자들은 일정을 마치고 숙소로 돌아갈 때마다 당황스러운 경험을 하게 된다. 어둠이 내려앉으면 좁은 골목뿐만 아니라 커다란 대로변 후미진 곳에는 어김없이 야한 차림의 여자들이 유혹의 손짓을 보내기 시작한다. 그녀들을 상대로 농담을 던지는 중동 여행자들이나 흥정을 하는 서양 여행자들을 종종 만날 수 있는 곳 역시 나나역 인근의 골목이다. 나나역이나 아속역 부근에 다양한 유흥업소들이 밀집해 있고, 성인 쇼를 보여주는 업소들도 많아서 방콕을 방문한 남자 여행자들이 삼삼오오 몰려다니는 모습 역시 자주 볼 수 있다.

낮에 한적했던 도로변은 어둠이 깊어지면 야시장으로 변해 노점상들과 보행자들이 한데 뒤엉키기도 해서 늦은 밤 잠깐 짬을 내어 둘러볼 만하다. 다만 소소한 잔재미를 느끼려고 하거나 눈요기가 아니라면 권장하고 싶지 않다. 특히 손목을 잡는 거리의 여자와 하룻밤 로맨스를 꿈꾸는 여행자라면 일부러라도 방문하고 싶겠지만 자제하는 것이 좋다. 여장 남자인 경우도 많을 뿐더러 방콕에서 묵인하고 있더라도 매춘은 엄연히 불법이기 때문이다.

나나와 아속

어떻게 즐겨볼까?

터미널21(Terminal21)
2011년에 문을 연 종합 쇼핑몰로, 각 층마다 세계 유명 도시를 콘셉트로 장식해 그 도시의 느낌이 물씬 풍기도록 꾸몄다. 각 층의 독특함 덕분에 사진을 찍기 위해 일부러 찾아오는 사람들도 늘어나는 추세다. 카리브 해를 콘셉트로 꾸며진 LG층은 고메마켓·모스버거·왓슨스 등이 입점해 있다.

가는 방법: BTS 아속역 1번 출구 혹은 MRT 수쿰윗역 3번 출구 BTS **주소:** 88 Sukhumvit Soi 19, Sukhumvit Rd., North Klong Toei, Wattana, Bangkok **영업시간:** 10:00~22:00 **전화번호:** 02-108-0888 **홈페이지:** www.terminal21.co.th

로마를 콘셉트로 삼은 G층에는 의류·신발 등을 파는 매장들이 입점해 있다. 파리를 콘셉트로 한 M층과 도쿄를 콘셉트로 한 1층, 런던이 주제인 2층, 이스탄불 느낌이 나는 3층은 의류와 액세서리 매장이 입점해 있다.

샌프란시스코를 콘셉트로 꾸며진 4층과 5층은 유명 레스토랑과 샤브샤브 전문점인 MK 수끼, 현지인은 물론 여행자들에게 사랑받고 있는 푸드 코트인 피어 21, KFC 등 크고 작은 식당이 몰려 있다. 특히 금문교의 아름다운 풍광을 재현해놓은 5층은 가벼운 한 끼를 해결하려는 여행자들과 현지인들로 언제나 북적거리고, 금문교를 배경으로 사진을 찍으려는 플래시 세례가 끊임없이 이어진다.

로빈손 백화점(Robinson Department Store)

태국 전 지역에 걸쳐 200여 개의 체인점을 운영하고 있는 백화점으로, 현지인들이 더 사랑하는 대중적인 백화점이다. 의류·생활용품·스포츠용품 등의 중저가 제품을 판매하고, 지하에 슈퍼마켓 체인 톱스(Top's)가 운영중이다. 시암이나 나나역 인근의 다른 백화점들과는 달리 백화점이라는 이름을 달고는 있지만 오히려 잡화점이라는 이름이 더 잘 어울린다.

가는 방법: BTS 아속역 3번 출구에서 도보로 3분 **주소**: 259 Sukhumvit Rd., North Klong Toei, Bangkok **영업시간**: 10:00~22:00 **전화번호**: 02-252-5181 **홈페이지**: www.robinson.co.th

야시장(Talad Rod Fai)

아속역에서 나나역으로 이어지는 인도는 어두워지면 자리를 펴는 노점상들로 밤마다 북적거린다. 좁은 길 양쪽에 물건을 쌓아놓고 관광객들을 유혹하는 노점상과 관광객, 보행자, 물건을 흥정하는 사람들이 모이다 보니 좁은 인도가 더 복잡해진다. 상인들은 지갑·벨트 같은 가죽 제품, 수면등, 저렴한 의류 외에도 성인용품과 성인용 영상물 등을 쌓아놓고 판매한다. 또한 노점과 노점 사이의 좁은 공간에는 가볍게 차를 마실 수 있는 노천 다방도 있으며, 몸을 파는 거리의 여성들도 야시장 골목에서 관광객을 유혹한다.

한인상가

더위에 지쳐 시원한 냉면 생각이 간절하거나 한국 음식이 그리울 때 찾아가면 좋은 곳이다. 〈대장금〉을 비롯한 한국 드라마 열풍과 국왕의 둘째 공주인 시린톤 공주의 방문으로 유명세를 타면서 현지인들과 관광객들의 발길이 끊임없이 이어지고 있다. 그러다 보니 사람이 몰리는 시간에는 자리 잡는 일이 쉽지 않으며, 태국 음식의 저렴함에 익숙해 있다 보면 가격에 놀랄 수도 있다. 타임스퀘어 옆 4층 건물에는 한글 간판이 가득하고 한국 식당과 슈퍼, 노래방, 당구장 등이 한꺼번에 모여 있어서 아속역에서 나나역 사이를 오가다 보면 반가운 한글 간판과 만날 수 있다. 한인상가 맞은편에는 한국문화원이 있다.

> 방콕, 무엇을 먹을까?

게와 카레의 환상적인 조합,
솜분 시푸드
Somboon Seafood

1969년부터 영업을 시작한 방콕의 대표적인 해산물 전문점이다. 방콕을 방문하는 여행자뿐만 아니라 현지인들도 많이 찾다 보니 매장은 언제나 사람들로 북적거린다. 이곳의 대표 메뉴는 게를 카레에 볶아내는 푸팟퐁커리(Fried Curry Crab)다. 그래서 보통 푸팟퐁커리를 기본으로 주문하고, 뿔라 랏 프릭이나 모닝글로리 같은 다른 인기 메뉴들을 추가한다. 하지만 방콕에서 저렴한 가격에 맛볼 수 있는 다양한 메뉴들에 비해 다소 높은 가격에 놀라는 여행자들도 많다. 게다가 다른 메뉴들은 푸팟퐁커리에 미치지 못해서 실망했다는 방문자들의 평도 많다. 그래도 푸팟퐁커리 하나만으로도 충분히 방문할 가치가 있어서 예약하지 않으면 기다려야 하는 경우가 대부분이다.

카오팟 뿌
쁠라 랏 프릭
모닝글로리
뿌팟퐁커리

　현지인들의 인기와 여행자들의 방문이 꾸준히 이어지면서 현재 본점인 반땃통(Bantadthong)을 비롯해 수라웡(Surawong), 랏차다(Ratchada), 우돔쑥(Udom Suk), 삼얀(Sam Yan) 등 6곳에 별도로 매장을 운영하고 있다. 비싼 가격임에도 신용카드를 받지 않으니 적당한 현금을 미리 준비해가는 게 좋다. 또한 택시 기사나 툭툭 기사들이 매우 비슷한 이름을 가진 '쏨분디 시푸드(Somboond Seafood)'로 데려가는 경우가 있으니 반드시 확인해야 한다.

이용 안내

◆ **주소**: 4th fl., Siam Square, Rama 1 Rd., Pathum Wan, Bangkok ◆ **영업시간**: 10:30~22:00 ◆ **전화번호**: 02-115-1401~2 ◆ **가격**: 뿌팟퐁커리 S 320B, M 440B, L 800~1,200B ◆ **홈페이지**: www.somboonseafood.com

솜분 시푸드
어떻게 가야 할까?

① 시암역 4번 출구로 나간다. 정면으로 시암 스퀘어와 연결된다.

② 출구를 나가면 좌측으로 삼성 매장이 있고, 우측으로 에스컬레이터가 있다. 에스컬레이터를 타고 올라간다.

③ 올라간 뒤 좁은 복도를 따라 직진한다.

④ 복도 끝까지 걸어가면 막다른 곳에 솜분 시푸드 시암점이 있다.

⑤ 예약을 못했다면 대기 시간이 있을 수 있다. 기다리는 동안 메뉴판을 받아 미리 주문을 하면 들어가자마자 바로 식사를 할 수 있다.

태국식 치킨도 맛볼 수 있는 솜땀 전문점,
솜땀누아
Somtam Nua

식사 시간이면 늘 긴 줄이 생기는 유명한 솜땀 전문점이다. 솜땀이란 파파야를 넣어 만드는 태국식 샐러드로, 태국의 김치라고 생각하면 이해하기 쉬울 것이다. 간판에는 솜땀(Somtam)만 영어로 적혀 있고 느아(นัว)는 태국어로 적혀 있지만 주변이 늘 붐벼 쉽게 찾을 수 있다. 에어컨이 나오는 깔끔한 실내에 작은 테이블 여러 개를 놓았으며, 홀 가운데에 오픈된 주방에서 솜땀을 만든다.

솜땀 전문점답게 기본적인 솜땀과 더불어 계란이나 호박 등 여러 재료를 더해 만든 다양한 솜땀 요리를 선보인다. 간장 소스를 바른 프라이드치킨과 맛이 비슷한 까이텃(Kai tod)도 맛이 좋아 인기가 많은데, 솜땀 요리와 함께 곁들여 먹으면 더욱 일품이다.

© 비밀이야

관광객들도 많이 찾는 곳이라 메뉴판에는 태국어와 영어가 함께 표기되어 있다. 일부 메뉴는 사진도 곁들여 있고, 인기 메뉴에는 별 표시를 해놓았기에 주문을 하는 데 전혀 어려움이 없다. 그뿐만 아니라 친절하게 매운맛의 강도도 메뉴마다 표시되어 있으므로 참고해서 주문하면 된다.

이용 안내

◆**가는 방법:** BTS 시암역 4번 출구에서 왼쪽으로 나와 방콕 은행 옆 작은 골목인 쏘이 5로 들어가면 된다. 역에서 5분 가량 걸린다. ◆**주소:** 392/14 Siam Square Soi 5, Rama 1 Rd., Pathum Wan, Bangkok ◆**영업시간:** 11:00~21:00(공휴일 휴무) ◆**가격:** 65~150B ◆**전화번호:** 02-251-4880

> 방콕, 무엇을 먹을까?

한자리에서 다양한 음식을 맛볼 수 있는 푸드 코트,
피어 21
Pier 21

딱히 먹을 것이 정해지지 않았거나, 방콕 사람들 사이에 섞여 제대로 된 식사를 하고 싶다면 터미널21에 입점해 있는 피어 21을 방문하자. 방콕에는 피어 21 외에도 푸드 리퍼블릭(Food Republic), 더 피프쓰 애비뉴(The Fifth Avenue) 푸드 코트 등 다양한 푸드 코트가 성업중이다. 이들 푸드 코트에서는 방콕의 젊은이들 틈에 섞여 저렴하고 다양한 태국 요리를 맛볼 수 있다. 우리나라의 대형 쇼핑몰 푸드 코트처럼 다양한 요리를 만드는 매장 가운데 테이블이 놓여 있어서 자신이 원하는 음식을 파는 매장을 골라 주문을 한 다음, 빈 테이블에 자리를 잡고 주문한 음식을 먹으면 된다.

하지만 우리나라와 다른 점도 있다. 방콕의 푸드 코트는 현금을 받지 않기 때문

망고밥

에 별도의 카드를 따로 발급받아야 한다. 푸드 코트마다 각기 다른 카드가 있으며 일정액 이상을 내고 카드를 발급받은 뒤, 원하는 매장에서 음식을 주문한 후 카드를 내면 금액만큼 차감하는 방식이다. 푸드 코트에서는 태국식 먹을거리뿐만 아니라 중식·양식·일식·한식까지 식사가 될 만한 것은 모두 맛볼 수 있으며, 음료와 디저트 등도 함께 팔고 있어서 한자리에서 주문과 식사, 후식까지 가능하다.

이용 안내

◆**주소**: 5th fl., Food Terminal, Zone San Francisco, Terminal 21, Sukhumvit Soi 19, North Klong Toei, Bangkok ◆**영업시간**: 10:00~22:00

방콕, 무엇을 먹을까?

저렴한 가격으로 즐기는 샤브샤브와 스시,
샤브시
Shabushi

태국의 오이시(Oishi) 그룹에서 운영하는 뷔페로 375B이라는 저렴한 가격에 다양한 샤브샤브 메뉴는 물론 초밥과 튀김, 과일, 다양한 음료를 무제한 먹을 수 있는 곳으로 유명하다. 테이블 주변으로 회전식 컨베이어가 설치되어 있는데, 그 위로 해물, 고기, 채소, 버섯은 물론 칼국수와 죽을 만들 수 있는 밥 등 다양한 샤브샤브 재료가 작은 접시에 담겨 지나다닌다. 원하는 재료가 테이블 부근을 지나가면 입맛대로 골라 냄비에 넣고 요리해 먹으면 된다.

샤브시는 일본 특유의 문화를 접목해 특히 인기가 많다. 혼자 혹은 2명이 왔을 때는 각자 샤브샤브를 해 먹을 수 있는 개인 전골냄비가 있는 테이블에 앉으면 된다. 나란히 앉을 수 있도록 만들어진 테이블에는 1인용 냄비가 별도로 마련되어 있

어서 다른 사람을 신경 쓰지 않고 먹고 싶은 음식을 자유로이 골라 먹을 수 있다.

자리를 잡으면 직원이 다가와 육수의 종류를 묻는데, 한국 사람에게는 톰얌쿵 육수가 무난한 편이다. 육수를 부어주면 그 순간부터 1시간 15분간 이용할 수 있으며, 그 시간이 지나면 10분당 20B의 추가 요금을 받는다. 시암역의 쇼핑몰이나 아속역의 쇼핑몰에 대부분 입점해 있어서 어디나 편하게 이용할 수 있다.

이용 안내

◆ **주소**: 6th fl., Central World, 999/9 Rama I Rd., Pathum Wan, Bangkok ◆ **영업시간**: 11:00~22:00(토~일 휴무)
◆ **전화번호**: 02-646-1371 ◆ **홈페이지**: www.shabushibuffet.com

방콕, 무엇을 먹을까?

망고 디저트의 수준을 한 단계 높인 가게,
망고 탱고
Mango Tango

 망고 하나로 방콕에서 가장 유명한 집으로 거듭난 곳으로, 망고 디저트를 과일 수준으로 끌어올렸다는 찬사와 평가를 받기도 했다. 시암과 아시아티크, 치앙마이의 님만해민에 매장이 있으며, 최근 시암의 매장은 컨테이너를 떠나 제대로 된 건물에 자리를 잡았다. 더불어 매장 내부를 망고에서 착안한 소품들로 아기자기하게 잘 꾸며놓았다.
 무더위가 극심한 방콕에서 망고로 만든 디저트는 더위를 식히거나 지친 몸에 활력을 주는 데 더없이 유용하다. 게다가 망고 디저트는 출출할 때 간단하게 허기를 해결하는 데도 제격이라 망고로 만든 디저트를 먹겠다고 몰려든 여행자들로 언제나 북적거린다. 다만 좌석이 많지 않기 때문에 길게 늘어선 줄을 서서 기다려야 한

다는 점은 감수해야 한다

  신선한 망고를 갈아 만든 망고 스무디, 열대 야자수의 하얀 전분 가루인 사고(Sago)를 우유와 섞어서 여러 가지 과일과 망고 아이스크림을 넣은 망고 아이스버그, 코코넛 밀크에 망고를 넣어 만든 망고 알로하, 망고와 아이스크림, 푸딩이 함께 나오는 망고 탱고 등이 인기다. 시암역 4번 출구로 나가서 처음 만나는 골목을 따라 끝까지 내려가면 사람들이 길게 줄지어 서 있는 매장을 만날 수 있다.

이용 안내

◆ 주소: Siam Squares Soi 3, Rama 1 Rd., Khet Pathum Wan, Bangkok ◆ 영업시간: 12:00~22:00 ◆ 가격: 망고 스무디 80B, 망고 아이스버거 95B, 망고 알로하 75B, 망고 탱고 140B ◆ 전화번호: 02-658-4660 ◆ 홈페이지: www.mymangotango.com

> 아주 특별한 방콕

시원한 바람으로 맞이하는 야경 명소,
버티고 앤 문바
Vertigo & Moon Bar

방콕의 화려한 밤을 만날 수 있는 야경 명소로 주목받고 있는 곳이다. 밤이면 다양한 볼거리로 관광객을 유혹하는 방콕에서 스카이라운지의 야경이 새롭게 주목받는 상품으로 자리를 잡으면서 곳곳에 새로운 스카이라운지가 생겨났다. 그중 몇 개는 입소문을 타면서 예약을 하지 않으면 자리를 잡을 수 없을 만큼 많은 사람들이 몰려드는 명소가 되었다.

고층 건물이 많은 방콕은 건물 옥상에 '루프탑바(rooftop bar)'라고 부르는 스카이라운지 카페와 레스토랑을 대부분 운영한다. 실제로 20층 이상의 빌딩이 700여 개나 되는 방콕의 건물 가운데 상당수는 옥상을 스카이라운지로 운영중이다. 고층 건물의 꼭대기 층에 있다 보니 발아래 펼쳐진 방콕의 야경을 보는 재미가 쏠쏠하

고, 밤이면 불어오는 시원한 바람이 무더위에 지친 몸을 위로해준다. 최근 주목받고 있는 스카이라운지는 반얀트리 호텔의 버티고 앤 문바, 르부아 앳 스테이트 타워의 시로코, 센타라 그랜드 앳 센트럴월드 호텔의 레드 스카이다. 이 중에서 오랫동안 사랑을 받은 명소는 반얀트리 호텔 61층에 있는 버티고 앤 문바다.

이용 안내

◆ **영업시간**: 17:00~새벽 01:00 ◆ **가격**: 맥주 260B~, 칵테일 300B~, 음료 150~200B ◆ **전화번호**: 02-679-1200 ◆ **홈페이지**: www.banyantree.com/en/ap-thailand-bangkok

고급 호텔이 운영하는 스카이라운지는 전망 좋은 곳에 있다는 이유로 꽤 비싼 가격에 음료나 주류를 판매한다. 그런데도 여행자들이 몰리는 까닭에 예약하지 않으면 빈자리를 찾기 힘들 정도로 인기다. 미리 가서 예약을 하고 주변 전망을 보다가 빈자리가 생기면 안내를 받거나 인터넷을 통해 예약하는 것이 좋다. 하지만 방콕의 물가를 생각하면 가격이 만만치 않으니 유의해야 한다.

스카이라운지들은 복장 규정을 만들어놓고 입장을 제한하기도 한다. 슬리퍼나 반바지 차림으로 갔다가 입장을 거절당하는 경우도 많으니 미리 확인하고 가는 것이 좋다. 또한 노천카페로 운영되는 루프탑바의 특성상 비가 오거나 날씨가 좋지 않을 경우 영업을 중단하기도 한다. 이 부분을 방문하기 전에 미리 확인해야 헛걸음을 하지 않는다.

방콕 여행자들 사이에 스카이라운지 야경이 필수 코스가 되면서 다녀온 인증샷을 올리는 네티즌들이 늘고 있다. 워낙 많은 스카이라운지가 있고 저마다 다른 분위기와 풍경을 만들어내다 보니 어디가 좋은지 확인하거나 어디를 갈지 결정하기도 어렵다. 시기나 사람마다 추천하는 곳이 달라서 여행자들은 더욱 선택장애를 겪는다. 가장 좋은 방법은 숙소에서 가까운 곳을 선택하는 것이다. 늦은 시간에 숙소로 돌아가는 동선을 감안해서 움직이는 것이 가장 좋기 때문이다.

버티고 앤 문바
어떻게 가야 할까?

① 후아람퐁역과 방스역을 연결하는 MRT를 타고 룸피니역에 내려 2번 출구로 나온다.

② 역을 나오면 도로변에 노점이 있는 좁은 길을 만나게 된다.

③ 노점을 지나 직진하면 사람들의 왕래가 뜸한 한적한 도로가 나온다. 계속 직진한다.

④ 멀리 높은 건물들이 눈에 보일 뿐 도로가 한산하다.

⑤ 직진해서 걸어가다 보면 노란 외벽이 길게 이어진 건물이 보인다. 방콕 주재 독일대사관과 이어지는 길이다.

⑥ 계속 걸으면 독일대사관 정문을 지나게 된다.

⑦ 독일대사관을 지나 계속 걸어가면 오른편 앞으로 지붕이 둥근 우뚝 솟은 건물을 만나게 된다.

⑧ 그 건물을 목표로 조금 더 걷는다. 가까워 보여도 건물 두어 개는 더 지나야 한다.

⑨ 멀리 반얀트리 호텔의 이정표가 보이고 멕시코대사관 이정표가 가리키는 곳으로 들어간다.

⑩ 반얀트리 호텔로 들어간다. 호텔은 정면에 보이는 건물 뒤편에 있으니 긴 통로를 따라 끝까지 걸어간다.

⑪ 건물 끝에서 좌회전하면 반얀트리 호텔 로비가 보인다.

⑫ 좌측 계단으로 내려가서 로비 쪽으로 가면 쇼파가 놓여 있는 라운지가 보인다.

⑬ 라운지 한편에 버티고 앤 문바로 안내하는 입간판이 보일 것이다. 화살표가 가리키는 방향으로 걸어간다.

⑭ 긴 통로를 따라가면 통로 끝에 엘리베이터가 있다.

⑮ 엘리베이터를 타고 59층까지 간 다음 계단을 따라 61층으로 올라가서 안내를 받으면 된다.

방콕의 야경을 즐길 수 있는 스카이라운지

① 시로코(Sirocco)

최근 여행자들 사이에 주목받는 루프탑바다. 방콕에서 가장 높은 르부아 앳 스테이트 타워 63층에 거대한 궁전을 만들어 놓았다. 이곳에서 바라보는 차오프라야 강변의 야경을 두고 아시아에서 최고라고 평가하기도 한다. 원형으로 만들어진 바에서 만나는 경치는 스릴이 넘치고, 고층 빌딩 옥상에서 펼쳐지는 재즈 공연은 왜 이곳이 새삼 주목받는지 알게 한다.

가는 방법: BTS 사판탁신역 3번 출구에서 도보로 10분　**주소:** 1055 State Tower, Silom Rd., Bang Rak, Bangkok　**영업시간:** 18:00~새벽 01:00　**전화번호:** 02-624-9455　**가격:** 맥주 320B~, 칵테일 420B~　**홈페이지:** www.lebua.com/sky-bar

② 레드 스카이(Red Sky)

센타라 그랜드 앳 센트럴월드 호텔 55층에 있는 곳으로 방콕의 3대 스카이라운지 가운데 가장 최근에 만들어졌다. 레드 스카이가 주목을 받기 시작한 것은 대부분의 스카이라운지들이 차오프라야 강 야경을 보도록 되어있지만 레드 스카이는 도심 가운데 있어서 이동이 쉽고 시암·수쿰윗 지역 야경을 볼 수 있기 때문이다.

가는 방법: BTS 칫롬역 9번 출구에서 도보로 20분　**주소:** Centara Grand at Central World 56F, Pathum Wan, Bangkok　**영업시간:** 18:00~새벽 01:00　**전화:** 02-100-6255　**홈페이지:** centarahotelsresorts.com

③ 바이욕 스카이 뷔페(Baiyok sky buffet)

태국에서 가장 높은 호텔로 방콕 어디서나 볼 수 있는 84층의 바이욕 스카이 호텔(Baiyok Sky Hotel) 75층, 76층, 78층에 있는 뷔페 레스토랑이다. 발아래 펼쳐지는 화려한 방콕의 야경과 함께하는 하늘 위의 식사는 방콕 여행의 큰 추억으로 삼을 만하다. 다만 아쉽게도 호텔 뷔페보다는 한국의 예식장 뷔페에 가깝다. 그렇지만 전망과 분위기가 음식에 대한 아쉬움을 달래준다. 레스토랑 이용객은 84층 야외 전망대를 이용할 수 있다.

가는 방법: BTS 칫롬역 9번 출구에서 도보로 20분　**주소:** 222 Soi, Ratchaprarop 3, Ratchaprarop Rd., Ratchathewi, Bangkok　**영업시간:** 11:00~14:00, 17:30~22:00　**전화번호:** 02-656-3939　**홈페이지:** www.baiyokebuffet.com

둘째 날,
다 같이 한바퀴 돌자, 왕궁

둘째 날은 방콕을 여행하는 사람들을 항상 딜레마에 빠지게 만드는 일정이다. 안 가자니 아쉽고 가자니 막막해지는 곳이 왕궁 투어다. 마땅히 연결된 교통편이 없어서 온전히 도보에 의존해야 하는 곳이며, 혹독한 더위에 쉽게 지치는 곳이니 말이다. 하지만 일정을 마치고 나면 왠지 뿌듯해하는 자신과 만날 수 있다.

일정 한눈에 보기

왓 프라깨오 ▶ 왕궁 ▶ 락 무앙 ▶

왓 포 ▶ 왓 아룬

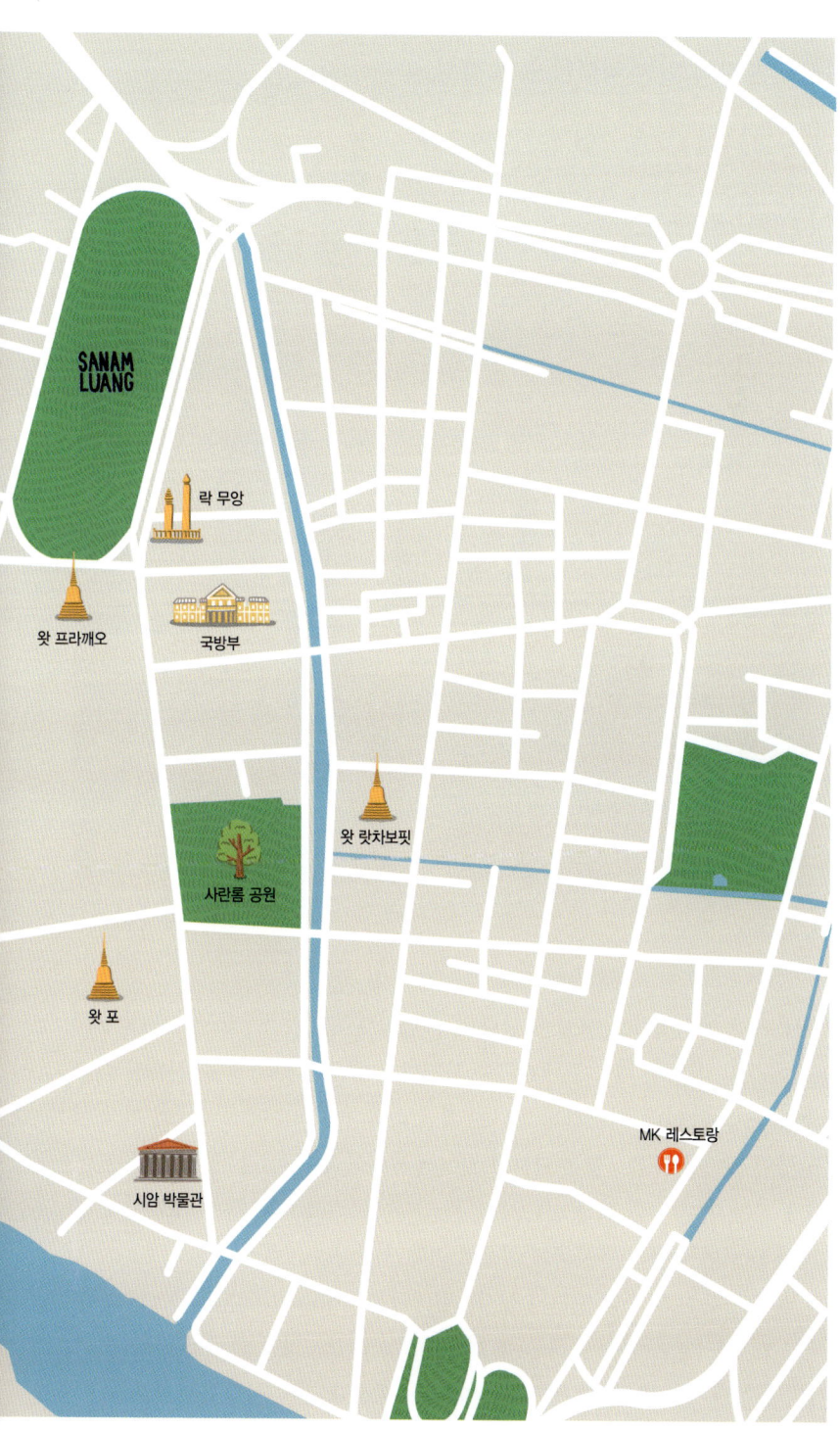

에메랄드 불상이 있는 영험한 불교 사원,
왓 프라깨오
Wat Phra Kaew

태국에서 가장 영험하다는 불교 사원으로, 에메랄드 사원(Temple of the Emerald Buddha)이라고 불린다. 태국을 대표하는 사원이기 때문에 태국 종교 건축과 예술의 정수를 느낄 수 있다. 찬란하게 빛나는 황금빛 외관과 더불어 태국에서 가장 신성한 불상인 에메랄드 불상을 보관하고 있어서 방콕을 방문한 전 세계 여행자들이 반드시 들르는 여행지 중 한 곳이다. 불상은 인도에서 왔으며, 이후 캄보디아의 왕국을 거쳐 1434년 아유타야 왕국에 선물로 전해진 것이라고 한다.

공식 명칭은 왓 프라 스리 랏타나 삿사다람(Wat Phra Sri Rattana Satsadaram)이다. 처음에는 대나무 숲 사원을 뜻하는 왓 파이아(Wat Pa Yia)라고 불렸다. 1785년 라마 1세가 톤부리에서 방콕으로 수도를 옮기면서 이곳을 짓기 시작했을 때 사원 구

석구석에 대나무들이 자라고 있었기 때문이다.

왓 프라깨오는 왕궁에 속해 있어서 왕궁을 방문했을 때 가장 먼저 들르는 곳이다. 승려가 아닌 왕이 직접 관리하기 때문에 승려나 승당이 따로 있지 않다. 태국에서 왕궁과 함께 가장 신성하게 여겨지는 공간이라서 관광객들은 입장할 때 몇 가지 주의사항이 있는데, 그 중 가장 대표적인 것이 노출이 심한 옷이나 반바지, 슬리퍼 등 가벼운 복장으로는 출입할 수 없다는 규정이다.

이용 안내

◆ **주소**: Na Phra Lan Rd., Phra Borom Maha Ratchawang, Phra Nakhon, Bangkok ◆ **운영시간**: 08:30~16:30(마지막 입장 15:30) ◆ **전화번호**: 02-623-5500 ◆ **입장료**: 500B(왕궁·위만멕 궁전 입장료 포함) ◆ **홈페이지**: www.palaces.thai.net

Tip 1
전 세계 여행자들이 모여드는 공간이다 보니 한꺼번에 엄청나게 많은 사람이 들고 난다. 특히 아침 시간대에 입장이 시작되면 복장을 제대로 갖추지 못한 여행자들이 대여소로 몰리면서 긴 치마인 사롱(sarong)이나 옷과 신발을 대여하는 데 시간을 많이 보내야 할 수 있다. 쓸데없이 시간을 허비하지 않으려면 복장을 갖춰 입고 여행을 시작하거나, 사원을 입장할 때 허리를 감쌀 수 있는 숄 하나쯤을 미리 챙기는 것이 좋다. 옷이나 신발을 대여하려면 신분 확인을 위해 여권을 맡기거나 예치금을 내야 한다. 여권이나 예치금은 관람을 마치고 나오면서 대여품을 반납하면 돌려받을 수 있다.

Tip 2
왕궁이나 왓 프라깨오에 대해 좀더 자세한 안내를 받고 싶다면 10:00, 10:30, 13:30, 14:00에 안내해주는 가이드를 따라 다니면 된다. 하지만 아직 한국어 안내는 없다. 입구에서 대여료 100B와 여권, 신용카드 또는 보증금 5천B를 맡기면 영어·중국어·일본어 안내테이프를 대여할 수 있다.

    왓 프라깨오에서는 화려한 태국 사원의 진수를 온전히 느낄 수 있다. 차분한 느낌의 한국 사찰과는 확연히 다른 모습이지만 어딘가 닮은 구석도 분명히 발견할 수 있는 곳이라는 생각이 들었다. 휘황찬란한 금빛 사원, 탑과 불상으로 가득한 태국 사원의 모습을 온전히 보여줘서 이곳저곳 구경하느라 시간이 가는 줄 몰랐다. 햇빛에 반사되어 반짝이는 금빛 외관의 화려함도 눈에 가득 들어온다.

    불교 국가인 태국에서 사원과 왕궁은 신성한 공간으로 인식되는데, 왕궁 사원인 왓 프라깨오는 그 신성함이 최고의 정점에 올라 있다. 하지만 실제로 승려들이 활동하는 공간이 아니다 보니 전시 공간 같은 느낌이 강한 점은 아쉽다. 그래도 태국 사람들이 생활 속 깊숙이 불교를 받아들이면서 대하는 자세를 가까운 곳에서 볼 수 있어 좋다.

왓 프라깨오
어떻게 가야 할까?

① 여행 일정을 시작하는 곳은 카오산로드 경찰서다. 경찰서는 왕궁 기준으로 카오산로드 좌측 끝에 위치하고 있다.

② 카오산로드 경찰서를 등지고 왼편으로 방향을 잡는다. 카오산로드 경찰서에서 클럽 걸리버 쪽으로 걸어간다고 생각하면 된다.

③ 걸리버를 보면 앞으로 쭉 뻗은 길이 있다. 이 길을 따라 끝까지 걸어간다.

④ 길 끝에서 삼거리로 갈라진다. 그곳에서 왼쪽 길을 택한다. 경찰서 앞에서 걸었다면 그냥 계속 길을 따라 걸어가면 된다.

⑤ 나무가 우거진 길을 따라 걷다 보면 우측 화단 사이로 좁은 인도가 보인다.

⑥ 인도 너머로 차들이 분주히 오가는 큰길이 보이고, 코끼리 조각상이 도로 가운데 자리를 잡고 있다.

⑦ 코끼리 조각상이 있는 안전지대로 건너갈 수 있는 횡단보도가 보인다.

⑧ 횡단보도를 건너면 코끼리 조각상을 끼고 뒤편 횡단보도로 갈 수 있는 길을 만나게 된다.

⑨ 코끼리 조각상 옆 보도블록을 따라 뒤편으로 걸어가면 된다. 맞은편에 보이는 푸른 광장은 왕실 공원이라고 부르는 '사남루앙(Sanam Luang)'이다.

⑩ 사남루앙 안으로 들어가서 공원 길을 따라 걸어 내려간다.

⑪ 공원 끝부분에서 코끼리 동상이 있는 도로를 만나게 된다. 그리고 그 오른편으로 왓 프라깨오가 보이기 시작한다.

⑫ 도로를 건너면 왓 프라깨오의 하얀 회칠을 한 외벽이 이어진다.

⑬ 오른편을 보면 수많은 사람들로 북적거리는 왓 프라깨오의 입구가 보인다.

⑭ 정문까지 걸어간 뒤 사람들을 따라 입장하면 된다.

Tip

왓 프라깨오나 왕궁은 역사 유적지가 많고 국왕이 살고 있는 곳과 가까워 BTS나 MRT 노선이 연결되어 있지 않다. 그래서 버스나 수상보트, 택시를 이용해야 한다. 여기에서는 카오산로드에서 걸어가는 방법을 소개했지만, 왕궁 투어 자체가 쉽게 지치는 일정이니 더운 날씨에 무리하지 않으려면 왕궁 입구까지 가장 편하고 빠르게 갈 수 있는 택시를 타는 것이 좋다.

왓 프라깨오와 왕궁 한눈에 보기

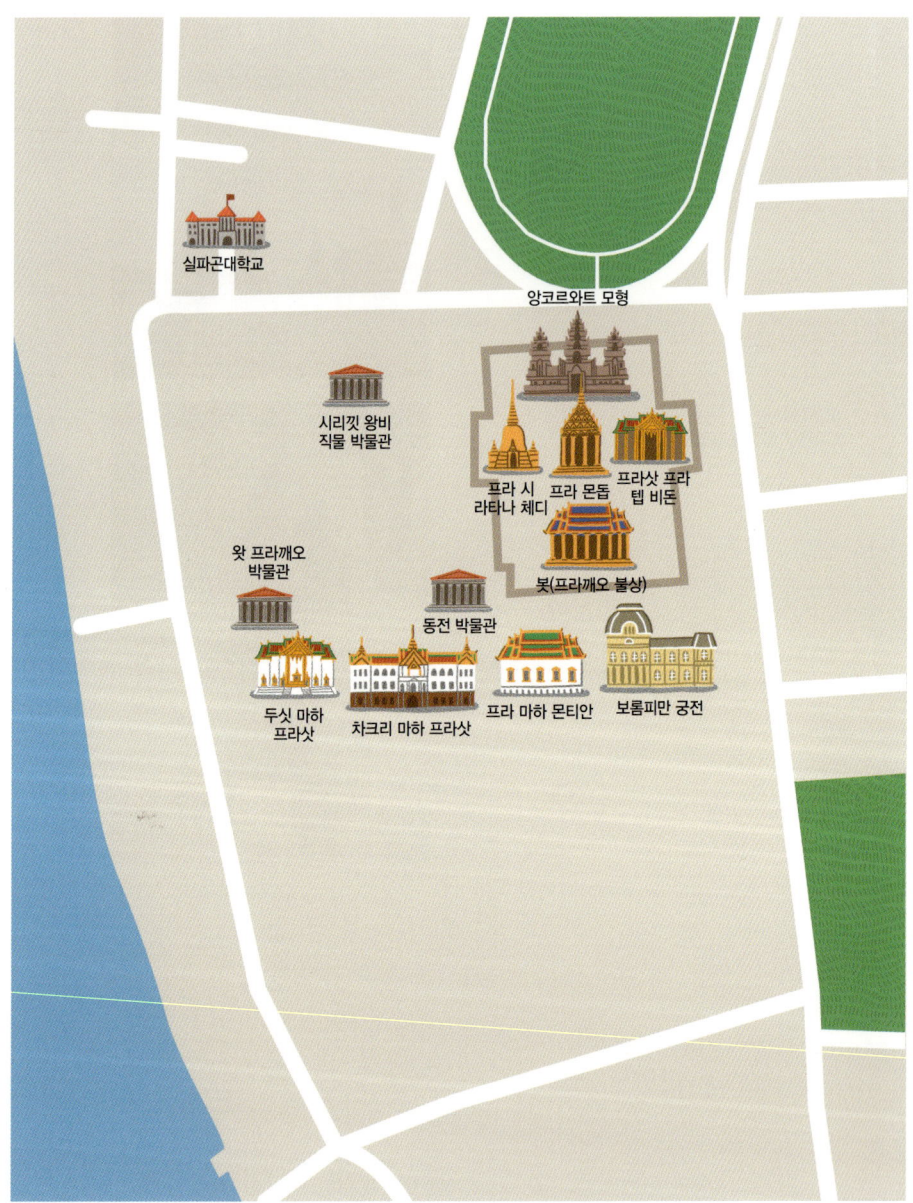

왓 프라깨오
어떻게 즐겨볼까?

매표소에서 입장권을 끊는다. 이때 왕궁 입장권을 제외한 나머지 입장권들은 잘 챙겨둔다. 특히 위만멕 궁전을 입장할 수 있는 입장권은 반드시 잘 챙겨야 한다.

입구에서 북적대는 관광객들 틈으로 화려한 금탑들이 보인다.

입장권을 들고 좌측 통로를 따라 입장한다. 매표소 옆에서 오디오 가이드를 대여할 수 있다. 입구를 따라 이어진 길 우측에 동전 박물관이 있다. 입장권에 동전 박물관이 포함되어 있으니 잠깐 들러도 좋다.

입구를 통과한 후 좌측으로 방향을 틀어서 벽화들이 그려진 회랑 안으로 들어간다.

벽화를 관람하며 회랑을 걷다가 황금빛 탑들과 가까워지면 계단 위로 올라간다.

3개의 금빛 탑들 중 가장 왼쪽에 있는 것이 프라 시 라타나 체디다.

> **Tip**
> 왓 프라깨오와 왕궁은 담을 중심으로 2개의 구획으로 나뉘어져 있다. 물리적으로 막지는 않지만 왓 프라깨오를 본 뒤 왕궁으로 들어서면 다시 왓 프라깨오로 되돌아가기는 쉽지 않다. 무더운 날씨에 왓 프라깨오와 왕궁 모두를 보는 일이 힘들다 보니 대충 보고 나오는 경우가 많다. 방콕에 있는 관광지 중 가장 비싼 입장료를 받는 곳이니 이왕 들어간 김에 최대한 천천히 느긋하게 많은 것을 보고 나와야 본전 생각이 나지 않는다.

프라 시 라타나 체디, 프라 몬돕, 프라삿 프라 텝 비돈 순으로 관람한다.

3개의 금탑을 모두 관람했다면 뒤쪽으로 가서 앙코르와트 모형을 감상한다.

Tip

왕궁 주변에는 사기꾼들이 넘쳐난다. 모든 안내서에서 사기를 조심하라고 거듭 주의를 주지만 피해자들은 줄지 않고 있다. 가장 많은 피해 사례는 왕궁이 문을 닫았으니 다른 곳을 소개하겠다며 보석상이나 가짜 상품을 판매하는 업소로 데려가는 것이다. 점심시간 무렵에는 지금 가도 소용이 없으니 다른 곳을 가자고 꼬드기기도 한다.

다시 프라삿 프라 텝 비돈 옆 계단을 내려가서 회랑을 돌며 불화를 감상한다.

왓 프라깨오에서 가장 중요한 건물인 봇으로 들어가 관람을 한다.

왓 프라깨오
주변 살펴보기

벽화(The Murals)
입구를 통과하면 회랑을 따라 왕궁 입구까지 길게 이어진 그림이 보인다. 힌두교의 대서사시 〈라마나야(Ramayana)〉를 태국식으로 해석한 178개의 벽화로 무려 1,900m에 이른다.

프라 시 라타나 체디(Phra Si Ratana Chedi)
입구를 통과하면 좌측으로 보이는 3개의 탑 중 가장 왼쪽에 있다. 전형적인 스리랑카 양식의 범종 모양인 이 탑은 부처님의 가슴뼈를 보관하고 있다고 전해진다. 그래서 신성함을 강조하듯 둥근 외관을 황금으로 화려하게 장식했다.

프라 몬돕(Phra Mondop)

프라 시 라타나 체디 오른쪽에 있는 각진 형태의 탑은 왕실 도서관이다. 은으로 사각 기둥을 만들고 안을 진주로 장식했다고 전해진다. 왕실의 권위를 상징하듯 모자이크 장식으로 외관을 화려하게 치장해서 관광객의 발길이 끊이지 않는다. 주로 불교 서적을 보관하고 있지만 일반인들에게 내부를 공개하지는 않는다.

프라삿 프라 텝 비돈(Prasat Phra Thep Bidon)

3개의 탑 중 가장 오른쪽에 있다. 라마 1세부터 최근까지 차크리 왕조 역대 왕들의 동상을 실물 크기로 보관하고 있다. 이곳 역시 일반인에게는 공개하지 않는다. 차크리 왕조의 창건 기념일인 4월 6일에 단 한 차례 공개한다. 금색으로 장식한 건물을 가루다(Garuda: 힌두신인 비누수의 새상)들이 떠받치고 있는 모양을 하고 있다. 위협적인 그들의 얼굴과 달리 화려한 의상을 입고 있어서 자꾸만 눈이 간다.

앙코르와트 모형

왓 프라깨오에서 가장 생뚱맞게 느껴지는 곳으로 캄보디아에 있는 앙코르와트의 모형을 전시하고 있다. 프라 몬돕 뒤편에 제법 넓은 공간을 차지하고 있는 앙코르와트 모형은 매우 정교해서 공들여 만들어졌다고 짐작하게 한다. 모형이 만들어지게 된 배경은 15세기로 거슬러 올라간다. 당시 앙코르와트 지역을 차지하고 있던 태국은 1906년 캄보디아를 식민지로 두었던 프랑스의 요청으로 마지못해 앙코르와트를 반환했다. 그때의 화려했던 기억을 잊지 못하던 라마 4세의 명으로 모형이 만들어져서 이곳에 전시되었다.

붓(Bot)

'우보솟(Ubosot)'이라고도 부르는 이곳은 한국의 사찰로 치면 대웅전에 해당한다. 왓 프라깨오에서 가장 크고 화려한 건물이면서 건축 당시의 모습을 고스란히 간직해 역사적으로도 의미가 깊은 건물이다. 또한 이곳은 '프라깨오'라는 불상이 모셔져 있어서 유명하다. 나라의 번영과 왕실의 행운을 가져온다고 여겨지는 불상은 비록 70cm 미만으로 크기가 작지만 태국 국민에게 미치는 영향력은 세계 그 어느 불상보다도 크다. 신성한 공간인 붓에는 신발을 신고 들어갈 수 없으며, 내부 촬영이 엄격하게 제한된다. 태국 국민 모두에게 신성시되는 곳이니 무례한 행동이나 예의에 벗어난 행동은 삼가도록 하자.

태국에서 가장 성스럽고 존엄한 공간,
왕궁
Grand Palace

왓 프라깨오와 함께 관광할 수 있는 곳이다. 봇 관람을 마친 뒤 남서쪽 끝부분에 있는 작은 문을 통과하면 왕궁 영역으로 들어가게 된다. 넓은 정원과 규모가 큰 건물들, 그곳을 지키는 군인들을 만날 수 있는 왕궁은 라마 1세부터 라마 8세까지 역대 왕들이 실제로 사용한 주거 공간이다. 원래 차오프라야 강 서쪽의 톤부리에 있었지만 1782년 미얀마의 공격을 방어하기 위해 라마 1세가 지금의 자리로 왕궁을 옮겨 왔다.

   왕궁은 적의 공격을 방어하기 위해 차오프라야 강을 끼고 조성했으며, 전체 길이 1,900m에 달하는 성벽으로 에워싸고 주변에 운하를 만들었다. 그렇게 만들어진 218,400m²의 땅 위에 새로운 왕이 즉위할 때마다 프라 마하 몬티안(Phra Maha

Montien), 차크리 마하 프라삿(Chakri Maha Prasat), 두싯 마하 프라삿(Dusit Maha Prasat) 등의 건물을 조성했다.

  왕궁 안 건물들은 각각 왕의 집무실과 거주 공간, 대관식에 사용하는 건물 등으로 나뉘어져 있다. 하지만 라마 8세가 왕궁 안에서 안나까운 죽음을 맞이한 후 현재 왕인 라마 9세는 두싯 지역에 있는 치트랄라다 궁전(Chitralada Palace)으로 옮겨갔다. 왕궁은 왕실 행사나 국가 행사가 있을 때만 사용하고 있는데, 비록 건물이 비어있어도 아직 왕실 행사로 사용하는 왕궁의 일부이기 때문에 건물의 상당 부분은 일반인들에게 공개하지 않는다.

이용 안내

◆ **가는 방법**: 탐마삿대학교에서 왓 마하탓(Wat Mahathat)을 지나 걸어서 5분 ◆ **주소**: Na Phra Lan Rd., Phra Borom Maha Ratchawang, Phra Nakhon, Bangkok ◆ **이용시간**: 08:30~16:30(티켓 판매 15:30) ◆ **입장료**: 500B(구입한 날에서 7일 이내에 위만멕 궁전 입장이 가능, 70번 버스가 왕궁과 위만멕 궁전을 잇는다.) ◆ **전화번호**: 02-623-5500 ◆ **홈페이지**: www.palaces.thai.net

어느 나라를 여행하든지 그 나라의 옛 궁궐은 당연히 방문하는 하나의 관광지가 된다. 한국을 여행하는 관광객들이 경복궁을 들르는 것과 같은 이치다. 태국의 왕궁 역시 수많은 여행자들이 방콕을 방문했을 때 반드시 찾아가는 곳이다. 역대 왕들의 거주 공간, 집무실, 의전실 등 다양한 건물들이 높은 담장 안에 모여 있을 만큼 거대한 규모의 왕궁은 왓 프라깨오와 담장 하나를 두고 연결되어 있어서 두 곳을 한 번에 방문할 수 있다.

왓 프라깨오의 작은 쪽문을 통과하면 새로운 세상을 만나듯 왕궁의 하얀 건물들을 만나볼 수 있다. 태국 전통 양식으로 지은 건물뿐만 아니라 유럽의 문화를 받아들인 색다른 왕궁을 함께 볼 수 있다.

왕궁 방문시 주의할 점은 그늘을 찾을 수 없다는 것이다. 끊임없이 쏟아지는 따가운 햇살을 온몸으로 받아야 하는 태국의 날씨에 하얀 왕궁 건물이 쏟아내는 눈부신 반사광은 관광객들이 느낄 수 있는 더위를 극대화한다. 왕궁 방문을 계획중이라면 이른 아침이나 조금은 늦은 시간에 찾아가보도록 하자.

왕궁
어떻게 가야 할까?

① 왓 프라깨오 관람을 마쳤다면 봇 왼쪽 회랑을 따라 직진한다.

② 회랑 끝부분에 왕궁으로 들어가는 작은 출구가 보인다. 이 문으로 들어가면 이제부터는 왕궁이다.

③ 왠지 아쉬움이 남는다면 왕궁 입구 왼편의 작은 회랑에 있는 벽화들을 꼼꼼히 감상한다.

④ 좁은 통로를 따라 왓 프라깨오를 떠나 왕국으로 들어간다.

⑤ 출구 끝부분으로 가면 왼편에 근무중인 근위병과 철문이 보인다. 그 너머로 보이는 건물이 보롬피만 궁전이다.

⑥ 이제부터 왕궁 투어의 시작이다. 보롬피만 궁전을 등지고 프라 마하 몬티안, 차크리 마하 프라삿, 두싯 마하 프라삿, 왓 프라깨오 박물관 순으로 관람하면 된다.

⑦ 왓 프라깨오 박물관 관람까지 마쳤다면, 정면에 처음 출발점인 매표소가 보일 것이다.

⑧ 이제 막 왕궁으로 들어오는 사람들을 뒤로하고 정문으로 나가면 왕궁 투어는 끝난다.

왕궁
어떻게 즐겨볼까?

보롬피만 궁전(Borom Phiman Hall)

왓 프라깨오를 다 돌아본 뒤 왕궁 구역으로 들어오면 입구 왼쪽에 보이는 건물이다. 굳게 닫혀 있는 철문 앞을 근위병이 지키고 있다. 철문 뒤로 넓은 정원과 유럽 양식으로 지어진 2층 건물이 보인다. 보롬피만 궁전은 라마 5세 때 완공된 뒤 라마 8세까지 살았던 왕실의 주거 공간으로, 지금의 국왕인 라마 9세 역시 이곳에서 어린 시절을 보냈다. 하지만 라마 8세가 이곳에서 총상을 당해 주검으로 발견되는 비운을 겪은 뒤 라마 9세는 치트랄라다 궁전으로 이주했고, 이곳은 국빈이 방문했을 때 숙소로 사용되고 있다. 1976년 태국을 국빈 방문한 박정희 전 대통령도 이곳에 묵었다.

프라 마하 몬티안(Phra Maha Montien)

하나의 건물처럼 보이지만 아마린 위닛차이 궁전(Amarin Winichai Hall), 파이산 탁신 궁전(Paisal Taksin Hall), 차크라팟 피만 궁전(Chakrapat Phiman Hall) 등 모두 3개의 건물이 한 건물처럼 붙어 있는 곳이다. 이 세 건물을 프라 마하 몬티안이라고 한꺼번에 부른다. 국왕과 관련된 중요한 행사에 사용되는 곳으로 라마 1세 때인 1785년에 지어졌다. 아마린 위닛차이 궁전은 외국의 대사가 방문했을 경우 접견을 위해 사용하던 공간이다. 정부 주요 인사들도 이곳에서 왕을 알현할 수 있었다. 파이산 탁신 궁전은 라마 1세가 가족이나 친구들과 식사하기 위해 만들어진 곳이다. 특히 이곳에서 대관식이 거행하기도 했다. 제일 뒤쪽에 있는 차크라팟 피만 궁전은 라마 1세 때부터 3세까지 생활하던 공간이다. 지금도 새로 즉위한 왕은 이곳에서 하룻밤을 보낸다.

차크리 마하 프라삿(Chakri Maha Prasat)

정원 뒤에 자리 잡은 3층 건물로 라마 5세에 의해 지어졌다. 유럽 순방중 르네상스 건축에 호감을 느낀 라마 5세는 차크리 왕조 100주년을 기념해 새로운 건물을 만들면서 태국 양식에 유럽의 느낌을 가미했다. 그렇게 태국식 지붕에 유럽풍 벽면을 지닌 차크리 마하 프라삿이 만들어졌다. 라마 6세까지 외국 국빈이나 사절단의 접견과 연회 장소로 이용했다.

두싯 마하 프라삿(Dusit Maha Prasat)

라마 1세 때인 1790년에 지어진 건물이다. 왕궁을 방콕으로 옮기면서 가장 먼저 지어진 건물이기도 하다. 라마 1세가 자신이 죽은 뒤 화장되기 전에 자신의 시신이 이곳에 머물렀으면 하는 마음으로 지은 건물이다. 이후 이 공간은 왕의 친인척들이 사망했을 경우 시신을 안치하는 공간이자 조문을 받는 공간으로 활용하고 있다.

왓 프라깨오 박물관(Wat Phra Kaew Museum)

왕궁 관람을 마치고 나오면 마지막에 만나는 곳이다. 왓 프라깨오와 그 인근에서 발견한 유물과 유적들을 전시하고 있다. 왕궁 일대를 축소해놓은 모형과 다양한 유물들이 전시되어 있어 소소한 볼거리들을 제공한다. 또한 시원한 에어컨이 나오고, 앉아서 쉴 만한 의자들이 구석구석 놓여 있어서 잠깐 휴식을 위해서도 둘러볼 만하다. 그러나 안타깝게도 내부에서는 사진 촬영을 금지하고 있다.

오늘날까지도 방콕을 지탱하는 상징적인 힘,

락 무앙

Lak Muang

'도시의 기둥'이라고 불리며 도시의 배꼽을 의미하는 락 무앙은 도시의 번영과 안전을 기원하기 위해 만든 기둥을 말한다. 태국에서 '도시의 어머니'를 상징하는 왕이 도시를 건설할 때 락 무앙을 하나씩 세워서 그 도시의 성장과 발전을 기원한다. 그래서 톤부리에서 방콕으로 수도를 옮긴 라마 1세 역시 방콕에 락 무앙을 세웠다.

락 무앙은 도시마다 그 모양이 다른데, 라마 1세가 방콕에 세운 락 무앙은 연꽃 봉오리 모양을 본떠 만들었다고 한다. 4m 크기의 이 기둥은 이후 방콕의 상징으로 우뚝 섰다. 오랫동안 방콕의 상징이던 연꽃 모양의 락 무앙은 라마 4세가 즉위하면서 친구 하나를 얻는다. 라마 4세가 라마 1세이 세운 락 무앙이 오래되었다고 생각해 그 옆에 또 하나의 락 무앙을 세운 것이다.

락 무앙은 방콕에서 거리를 표시하는 기준점이라는 실질적인 역할을 맡고 있지만, 사실 태국인들의 마음에 위안을 주는 더 중요한 역할을 하고 있다. 태국인들은 기도를 하기 위해 끊임없이 이곳을 찾는다. 외부에 마련된 불당에도 참배객들이 쉴 새 없이 모여든다. 이곳에서 사람들은 불공을 드리고 소원을 빌며 행복과 안녕을 기원한다.

락 무앙만 보는 것이 심심하다면 입구의 작은 무대로 발걸음을 옮겨보자. '리케(Likay)'라는 이름의 전통무용극을 무료로 관람할 수 있다. 전통공연을 즐기면서 무더위에 지친 심신을 위해 충분히 휴식을 취해보자.

이용 안내

◆ **주소**: 2 Lak Muang Rd., Phra Borom Maha Ratchawang, Phra Nakhon, Bangkok　◆ **운영시간**: 08:30~17:30
◆ **전화번호**: 02-222-9876　◆ **입장료**: 무료

느낌 한마디

왕궁 투어에서 락 무앙은 소품 같은 느낌이 들 수 있다. 규모도 크지 않고 기둥 2개가 딸랑 서 있는 작은 사원 하나 보자고 들르기에는 하찮게 여겨질 수도 있다. 하지만 락 무앙을 온전히 즐기는 방법은 마음을 열고 그 안에 들어가보는 것이다. 태국 사람들의 삶과 그들에게 불교가 가지는 의미를 좀더 가까이서 경험할 수 있는 곳이 바로 락 무앙이다. 기둥을 향해 간절한 소망을 전하는 그들의 자세. 작은 락 무앙을 장식하면서 기도하는 그들의 모습을 보면 사원의 규모나 크기는 결코 중요한 것이 아님을 알게 될 것이다.

락 무앙
어떻게 가야 할까?

① 왕궁 관람을 마쳤다면 사람들을 따라 왕궁 밖으로 나온다. 왕궁 입구는 들어오는 사람과 나가는 사람으로 혼잡스럽다.

② 왕궁을 나와 좌측으로 방향을 잡는다. 처음 왕궁으로 왔던 길이다.

③ 왓 프라깨오의 하얀 외벽을 따라 걸어간다. 좌측에서는 택시와 툭툭 기사들의 호객 행위가 끊임없이 이어진다.

④ 왓 프라깨오 담벼락 끝에 다다를 때까지 걷는다.

⑤ 끝 지점에 도착하면 정면으로 코끼리상이 있는 교차로가 보인다.

⑥ 길 건너편으로 뾰족한 탑을 가진 태국식 건물과 노란색 유럽풍 3층 건물이 보일 것이다. 뾰족한 탑처럼 생긴 태국식 건물이 락 무앙이고, 유럽풍 건물이 국방부다.

⑦ 횡단보도를 건너 락 무앙으로 들어간다. 정면에 금색을 칠한 문 안으로 2개의 기둥이 보인다.

락 무앙
어떻게 즐겨볼까?

작은 사원 안에 우뚝 서 있는 2개의 기둥에 담긴 의미를 생각해보며 소원을 빌어보자. 여행자의 안전과 번영을 위해 도움 받을 수 있을 것이다.

락 무앙 주위에서 기도하는 사람들의 얼굴과 자세에서 느껴지는 경건함이 고스란히 느껴진다. 특히 사원 안으로 들어가 그들 옆에 앉아서 그들이 내뿜는 평화로운 감정을 느껴보도록 하자.

사원 주변 작은 불상에 금종이를 붙이며 기도하는 사람들, 색색의 천을 감으며 기도하는 사람들을 통해 그들의 일상에 좀더 가까이 다가갈 수 있다.

Tip

시간이 난다면 락 무앙을 관람하고 난 뒤 태국 국방부를 가보자. 라마 5세가 도시 경호를 위해 건설한 곳으로, 건물 앞 정원에는 아유타야 시대부터 사용한 40여 개의 대포가 전시되어 있다.

길이 46m의 거대한 와불상이 있는 사원,

왓 포
Wat Pho

방콕이라는 도시가 만들어지기 전인 17세기 아유타야 양식으로 만들어진 사원이다. 방콕에서 가장 규모가 크고 오래된 사원으로, 공식 명칭은 '왓 프라 체투폰 위몬망클라람 랏차워람아하위한(Wat Phra Chetuphon Vimolmangklararm Rajwaramahaviharn)'이며 줄여서 '왓 포'라고 부른다. 전성기에는 500명의 승려와 750명의 수도승이 거주했을 만큼 영화로운 한때를 누렸다. 라마 1세의 지원을 받으면서 증축을 거듭했고, 라마 3세 재위 시기에는 16년 7개월이라는 긴 기간에 걸쳐 진행된 방대한 복원공사를 통해 지금의 모습이 되었다. 또한 라마 3세가 통치한 시기에는 이곳에 학생들을 모아 가르치면서 태국 최초의 대학으로 자리 잡기도 했다. 지금도 당시 학생들을 가르치기 위해 만들어진 석판·조각·벽화가 남아 있는데,

이것을 교재 삼아 의학·점성학·식물학·역사 등 다양한 학문을 가르쳤다고 한다.

이러한 역사성 이상으로 왓 포가 관광객들에게 사랑을 받는 것은 길이 46m, 높이 15m에 이르는 웅장한 규모의 와불(The Reclining Buddha) 덕분이다. 석고로 만들어진 기단 위에 길게 누워있는 거대한 와불은 열반의 자세를 취하고 있다고 전해진다. 법당 규모가 협소해서 황금으로 칠해진 와불의 전체를 한꺼번에 보기가 쉽지 않다. 여러 개의 기둥이 법당을 받치고 있어서 이 주변을 걷다 보면 기둥 사이로 와불 일부만 볼 수 있다. 그나마 와불 전체를 조망할 수 있는 쪽이 발바닥이다. 발바닥과 벽 사이 공간에 들어서면 길게 누워있는 와불의 모습이 한눈에 보인다. 하지만 워낙 많은 사람이 오가는 공간이라서 사진 두어 장을 찍고 밀려나기 일쑤다.

이용 안내

◆ **가는 방법**: 왕궁에서 걸어서 5분 ◆ **주소**: 2 Sanamchai Rd., Grand Palace Subdistrict, Pranakorn District, Bangkok ◆ **운영시간**: 08:30~18:30 ◆ **전화번호**: 02-226-0335 ◆ **입장료**: 100B ◆ **홈페이지**: www.watpho.com

왓 포 입장권에는 물 한 병을 교환해주는 별도의 쿠폰이 포함되어 있다. 관람을 하는 도중이나 마치고 나오면서 교환하면 된다. 왓 포 안에는 우리나라 사찰의 감로수처럼 물을 마실 수 있는 장소가 여러 곳 있다. 하지만 태국의 물에는 석회질이 많이 섞여 있어 식수로 적합하지 않아 물통에 채워놓은 물이 자주 동이 난다. 이 교환권은 그럴 때 유용하다.

왓 포 하면 떠오르는 가장 기본적인 이미지는 마사지다. 왓 포는 태국 마사지의 기본이자 시작점과도 같은 곳이기 때문이다. 실제로 왓 포를 방문한다면 태국 마사지의 진수를 온전히 경험할 수 있다. 마사지 학교도 운영하는 왓 포의 마사지센터에서는 시내 마사지 숍과는 다른 방식으로 마사지 상품을 판매한다. 물론 단지 마사지 때문에 왓 포에 가는 것은 아니다. 대부분의 여정이 왓 프라깨오를 본 뒤 왓 포를 방문하다 보니 비슷한 사원이려니 생각하는 경우가 많다. 사실 화려한 왓 프라깨오를 보고 나면 그 이상의 사원을 만나기는 힘들다. 하지만 왓 포에 있는 거대한 와불상과 탑, 그리고 엄청난 규모의 건물은 방문자를 압도한다. 그래서 별 기대 없이 찾았다가 많은 것을 얻을 수 있다.

왓 포
어떻게 가야 할까?

① 국방부 건물을 지나 계속 걸어간다. 길 건너편으로 왓 프라깨오와 왕궁의 하얀 외벽이 이어진다.

② 더위를 피할 수 있는 작은 정원, 목을 축일 수 있는 물과 음료를 파는 노점들이 드문드문 눈에 띈다.

③ 걷는 길이 지루해서 조금 지칠 즈음, 외벽이 약간 다른 모습을 보이다가 끝을 보이기 시작한다.

④ 드디어 왕궁 담벼락이 끝나고 좁은 골목이 길 건너편에서 나타난다. 그곳에서 횡단보도를 건넌다.

⑤ 횡단보도를 건너면 우측은 왕궁이고, 좌측은 왓 포다. 왓 포 방향으로 횡단보도를 한 번 더 건넌다.

⑥ 왓 포가 있는 방향과 입장 시간 등을 적어놓은 간판들이 보이기 시작한다. 화살표가 가리키는 방향처럼 우측으로 걸어간다.

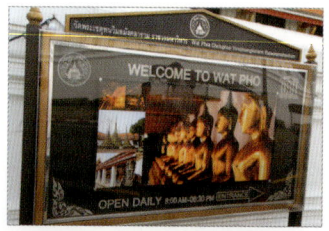

⑦ 조금 한적해보일 수 있지만 계속해서 걸어가본다.

⑧ 호객하는 툭툭, 과일과 음료를 파는 노점들이 늘어선 입구가 보이기 시작한다.

⑨ 입구 안으로 들어가면 왓 포가 시작된다.

⑩ 정문을 통과하면 우측에 매표소가 보인다. 이곳에서 표를 끊은 뒤 좌측 입구로 들어가면 된다.

왓 포
어떻게 즐겨볼까?

입구 왼편으로 소원을 비는 징이 있다. 징을 치고 손으로 쓰다듬으면서 소원을 빌면 이루어진다고 한다. 징을 치기 전에는 징 옆에 있는 통 안에 적당한 돈을 넣으면 된다. 징 옆에 다양한 방법으로 기도할 수 있는 장치들이 있다.

왓 포를 방문하는 가장 큰 이유는 석고로 만든 기단 위에 길게 누워있는 거대한 와불을 보기 위해서다. 황금으로 칠해진 와불은 엄청난 규모라서 한눈에 담기에는 힘들다. 가장 좋은 방법은 발바닥 근처에서 얼굴 방향으로 보는 것이다.

자개로 삼라만상을 그려놓은 화려한 무늬가 인상적인 발바닥은 또 하나의 볼거리다. 발바닥 앞의 와불상 전체를 한눈에 담으려는 관광객과 발바닥의 무늬를 보려는 관광객들로 언제나 붐빈다.

와불 주변에는 작은 와불과 크고 작은 불상들이 놓여 있다. 와불을 한 바퀴 돌면서 주변을 장식하고 있는 작은 불상들을 감상하는 재미도 쏠쏠하다.

불상 오른쪽 복도에는 작은 항아리 108개가 놓여 있다. 이곳에 동전을 넣으면 행운이 온다는 설이 있어 항상 사람들이 길게 늘어서는 곳이다. 복도에는 행운을 비는 사람들이 던지는 동전 소리로 언제나 요란하다.

정원 구석구석을 돌아본다. 돌과 나무로 장식한 조경뿐만 아니라 태국식 불탑인 체디(Chedi)와 불상들 사이로 다양한 요가 포즈를 잡은 석상들을 만날 수 있다. 마시지로 유명한 왓 포의 명성을 대변하는 듯하다.

대법전과 와불을 구분하는 담장 아래에 4개의 체디가 놓여 있다. 도자기 조각으로 장식한 체디는 차크리 왕조의 초기 왕들에게 헌정한 것이다. 색깔에 따라 구분할 수 있다. 녹색은 라마 1세, 흰색은 라마 2세, 노란색은 라마 3세, 파란색은 라마 4세를 상징한다. 정원 곳곳에는 또 다른 체디 90여 개가 자리 잡고 있다. 대부분 왕족의 유해를 보관하고 있다.

왓 포를 방문하는 또 다른 목적 중 하나는 태국 마사지의 진수를 맛보기 위해서다. 가볍게 마사지를 받으려는 여행자들과 태국 마사지를 배우려는 여행자들로 언제나 북적거린다. 시내에 있는 마사지 숍들과 달리 원조 마사지의 정수를 경험할 수 있다.

아유타야에서 가져온 불상을 본존불로 모시고 있는 대법전이다. 전형적인 아유타야 양식의 건축물로 1835년에 복원했다. 왓 프라깨오와 비슷하게 152개의 그림으로 〈라마끼안(Ramakien)〉을 묘사한 대리석으로 회랑을 꾸몄다.

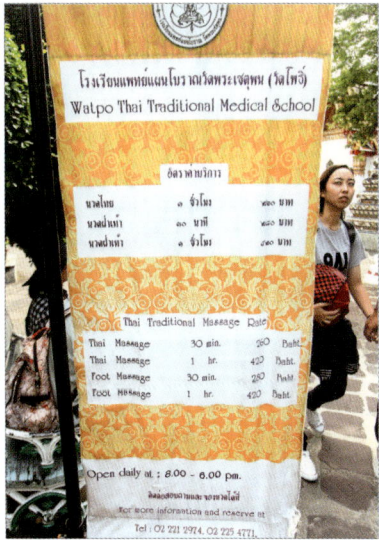

불상의 박물관 역할도 겸하고 있는 대법전 주변은 394개의 불상이 전시되어 있다. 대부분 아유타야와 수코타이 양식으로 만들어졌는데, 태국 불상 중 가장 아름답고 우아하다는 평가를 받고 있다.

전화번호: 02-221-2974, 02-225-4771 **가격:** 타이 마사지 1시간 420B, 발 마사지 50분 420B **마사지 수강료:** 타이 마사지 30시간 9,500B, 발 마사지 30시간 7,500B **홈페이지:** www.watpomassage.com

Tip

불상 오른쪽 복도의 항아리 근처에는 동전을 넣는 사람들로 연일 북새통을 이룬다. 그래서 소매치기들이 극성을 부린다. 동전을 넣는 일에 정신이 팔리거나, 앞뒤로 늘어선 사람들에 무심해지다 보면 어느새 가방 속 물건들은 사라져버리고는 한다. 곳곳에 경고 문구가 붙어 있을 만큼 소매치기가 자주 발생하니 조심하자.

무지갯빛이 찬란한 새벽 사원,

왓 아룬
Wat Arun

태국을 상징하는 대표적인 사원으로 '왓 아룬랏차와라람 랏차워람아라위한(Wat Arunrajawararam Rajaworamahavihara)'이라는 긴 이름이 있지만 줄여서 '왓 아룬'이라고 불린다. 태국 관광청의 로고로 사용할 뿐 아니라 10B짜리 동전에도 등장할 만큼 태국 사람들에게 친숙한 곳이다. 사원의 한쪽에 우뚝 서 있는 높이 104m의 탑인 프라 프랑 위에 올라서면 차오프라야 강을 제대로 볼 수 있다.

새벽 시간이면 탑을 구성하는 자기들이 햇빛을 받아 반짝이면서 만들어내는 무지갯빛이 아름다워서 '새벽 사원(Temple of Dawn)'이라는 별칭으로도 불린다. 해질 무렵 석양을 받아 붉게 변해가는 모습이나 어두운 밤에 인공조명 불빛에 따라 색을 달리하는 모습도 왓 아룬의 아름다움 중 하나다.

왓 아룬의 외벽은 꽃무늬를 비롯해 자기 조각으로 만든 다양하고 아름다운 문양으로 장식되어 있어 아름다움을 더한다. 전체적으로 동일한 비율로 만들어진 탑은 어느 방향에서 보더라도 같은 모양을 하고 있는데, 차오프라야 강 건너편에서 전체적인 균형미를 감상할 수 있다. 물론 가까이 다가가서 세밀하게 보는 것도 왓 아룬을 제대로 즐기는 방법이다.

이용 안내

◆ **가는 방법**: 티안 선착장(Tha Tien)에서 크로스 리버 페리를 타면 5분 정도 소요되며 요금은 3B ◆ **주소**: 158 Wang Doem Rd., Wat Arun, Bangkok Yai, Bangkok ◆ **운영시간**: 08:30~17:30 ◆ **전화번호**: 02-891-2185 ◆ **입장료**: 50B ◆ **홈페이지**: www.watarun.org

Tip

왓 아룬 역시 다른 사원들처럼 의상에 제약을 받는다. 왕궁을 돌아본 뒤 이어진 일정이었으니 미리 의상을 준비했겠지만, 혹시라도 대여할 생각이었다면 주의해야 한다. 왓 아룬은 보증금 100B과 대여비 20B이라는 대여 비용도 만만치 않을 뿐 아니라 관람을 마친 뒤에도 대여비는 반환되지 않는다.

Tip

프라 프랑에 올라가는 비용으로 지불하는 50B이 조금은 아깝다고 생각할 수도 있다. 한 끼 식사가 20~30B인 방콕에서 탑 하나 올라가는 비용치고는 과할 수도 있다. 탑 주변 울타리 너머에서도 프라 프랑을 장식하고 있는 자기나 무늬들은 자세히 볼 수 있다. 가파른 계단을 올라가는 재미나 그곳에서 보는 전망에 호기심이 생기지 않는다면 울타리 너머에서 구경하는 것도 방법이다.

느낌 한마디

수상 보트를 타고 차오프라야 강을 오가다 보면 뾰족한 탑 모양의 왓 아룬이 자연스럽게 눈에 들어온다. 강변을 따라 펼쳐진 다양한 역사 유적들 가운데 특히 왓 아룬이 돋보이는 이유는 생긴 모양이 독특해서다. 해 질 무렵 차오프라야 강에서 왓 아룬 너머로 어둠이 내리는 장면을 바라보면 방콕 최고의 일몰을 만날 수 있다. 이른 새벽에 해 뜨기 직전 왓 아룬에서 아침을 맞으면 외벽을 장식한 자기 조각들이 빛을 내면서 황금 장식보다 더 화사한 모습으로 변한다. 3B이면 강을 건널 수 있어서 해 질 무렵이라면 일부러라도 배에 몸을 싣고 왓 아룬의 일몰을 보러 가기를 권한다.

왓 아룬
어떻게 가야 할까?

① 처음 왓 포에 들어왔던 출입문을 통해 밖으로 나가서 좌측으로 방향을 잡는다.

② 왓 포 담장을 따라 쭉 걸어가면 담장 끝에서 맞은편 상가와 만나게 된다.

③ 횡단보도를 건너 노란색 2층 상가 건물의 우측으로 방향을 잡는다.

④ 좁은 골목은 오가는 관광객들과 노점, 택시들로 뒤엉켜 복잡하다.

⑤ 길게 이어진 상가 건물을 따라 차오프라야 강변으로 계속해서 걸어간다.

⑥ 상가 건물 끝부분에 다다르면 사람들이 많아지고 복잡한 시장 골목이 나타난다.

⑦ 좁은 시장 골목은 언제나 사람들로 복작거린다.

⑧ 시장 끝에 다다르면 차오프라야 강이 나타나고, 배를 타려는 사람들이 몰려 있는 티안 선착장이 보이게 된다.

⑨ 바로 정면에 3B이라고 쓰인 입간판과 작은 매표소, 그리고 배를 타려는 사람들이 분주히 오가는 입구가 보인다.

⑩ 3B을 내고 입구를 통과하면 왓 아룬으로 건너가는 배를 탈 수 있다.

⑪ 강 건너편으로 왓 아룬과 프라 프랑의 뾰족한 탑이 보인다.

⑫ 사람들을 태우느라 잠시 대기하던 배는 맞은편 선착장으로 출발한다. 맞은편 선착장까지는 5분가량 걸린다.

⑬ 맞은편 선착장에 도착하면 우측 통로를 통해 나간다.

⑭ 선착장을 나가면 좌측에 왓 아룬 입구가 있다.

⑮ 강변길을 따라 프라 프랑까지 걸어간다. 그리고 매표소를 통과해 내부로 들어간다.

왓 아룬
어떻게 즐겨볼까?

프라 프랑을 장식하고 있는 외벽의 아름다운 무늬를 감상한다. 중국 도자기 조각으로 만들어낸 화사한 무늬는 방향에 따라 조금씩 다른 빛을 발산한다.

프라 프랑의 가파른 계단을 통해 상부에 올라 차오 프라야 강에서 불어오는 시원한 바람과 분주히 오가는 보트들, 강 건너 왕궁과 주변 풍광을 바라본다.

프라 프랑 구석구석에 숨어 있는 다양한 볼거리들을 확인한다. 기둥을 장식한 다채로운 문양들을 통해 아름다운 새벽 사원의 실체를 경험한다.

전쟁의 흔적, 태국인들의 불심, 역사의 기록들이 담긴 다양한 조각상·석조물·흔적이 왓 아룬 곳곳에 남아 있다. 강변을 따라 천천히 걸으면서 그 흔적들을 찾아본다.

왓 아룬을 방문한 여행자들은 프라 프랑만 보고는 서둘러 이곳을 떠난다. 하지만 어느 사찰이건 탑보다 중요한 것은 역시 대웅전이다. 대웅전에 들러 부처님의 일대기를 그린 벽면의 불화들도 감상해본다.

169

방콕, 무엇을 먹을까?

여행자라면 지나칠 수 없는 태국식 샤브샤브,
MK 레스토랑
MK Restaurants

태국식 샤브샤브인 수끼(Suki)는 커다란 냄비에 닭으로 우려낸 육수를 붓고 펄펄 끓인 다음 고기와 해산물, 각종 채소를 넣어 데친 후 태국 고유의 양념에 찍어 먹는다. 너무나 유명하다 보니 여행자라면 한 끼 이상은 즐기게 되는 태국의 전통 요리 중 하나다. 그 중에서도 가장 유명한 수끼 전문점이 MK 레스토랑이다. 곳곳에 지점을 두고 영업중이라서 딱히 어디라고 지정하지 않아도 될 만큼 많은 곳에서 MK 레스토랑을 만날 수 있다. 특히 MK 레스토랑은 다른 수끼 체인점들과 달리 본사에서 직영으로 운영해서 어디서나 비슷한 맛으로 수끼를 즐길 수 있다.

MK 레스토랑은 왕궁 근처에도 있지만 시암 파라곤에 있는 매장이 다른 곳보다 조금 더 특별하다. 지점들 중에 조금 더 고급스럽게 영업을 하는 곳에는 이름에

'골드'가 붙는데, 시암 파라곤에 있는 MK 골드 레스토랑(MK Gold Restaurants)이 그렇게 붙여진 이름이다. 200번째 지점을 개점한 것을 축하하는 의미로 문을 연 이곳은 내부 인테리어를 고급스럽게 장식해서 눈길을 끈다.

메뉴판은 사진으로 되어 있어 주문하기 어렵지 않다. 무엇을 선택해야 될지 모를 때에는 다양한 재료들이 한꺼번에 들어있는 세트 요리를 주문한 뒤 추가할 재료들을 천천히 주문하면 된다. 테이블마다 터치식 모니터가 있어서 원하는 재료를 선택한 뒤 주문 버튼을 누르면 직원을 부르지 않아도 주문이 가능하다.

이용 안내

◆ 주소: 561, India Emporium, G fl., Chakaphet Rd., Wang Burapha Phirom, Khet Phra Nakhon, Bangkok
◆ 영업시간: 10:00~21:00 ◆ 전화번호: 02-224-0081 ◆ 홈페이지: www.mkrestaurant.com

셋째 날,
낮보다 화려한 밤,
카오산로드

방콕을 사랑하게 되는 여러 이유 가운데 으뜸은 역시 카오산로드다. 방콕은 카오산로드로 인해 전 세계 여행자들이 사랑하는 도시가 되었고, 낮과 밤이 다른 얼굴을 가진 이 거리는 여행자들의 천국이 된다. 불과 300여m일 뿐인 짧은 골목 위에는 수많은 이야기가 언제나 차고 넘친다.

일정 한눈에 보기

카오산로드(낮) ▶ 위만멕 궁전 ▶ 아시아티크

카오산로드(밤)

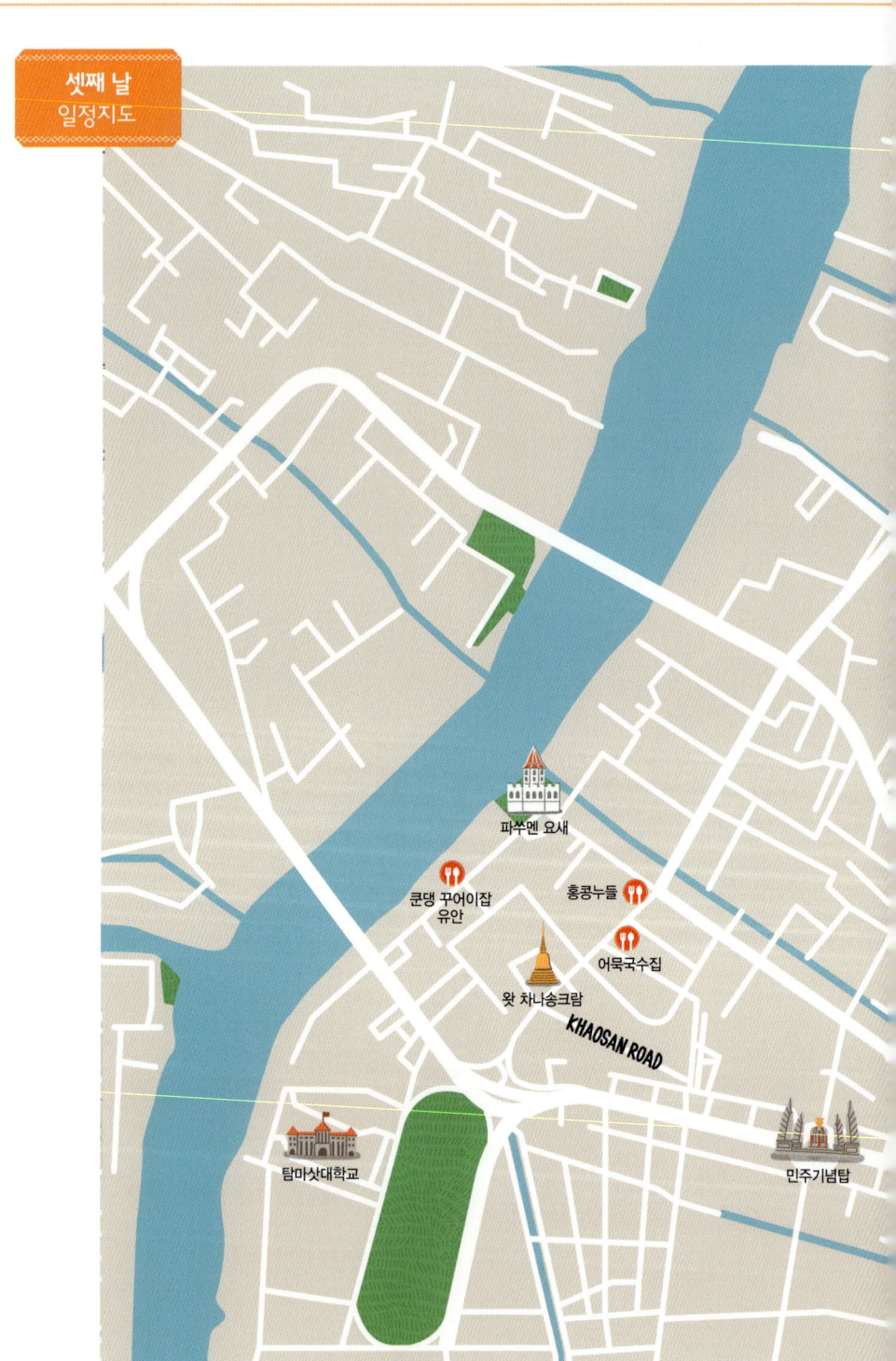

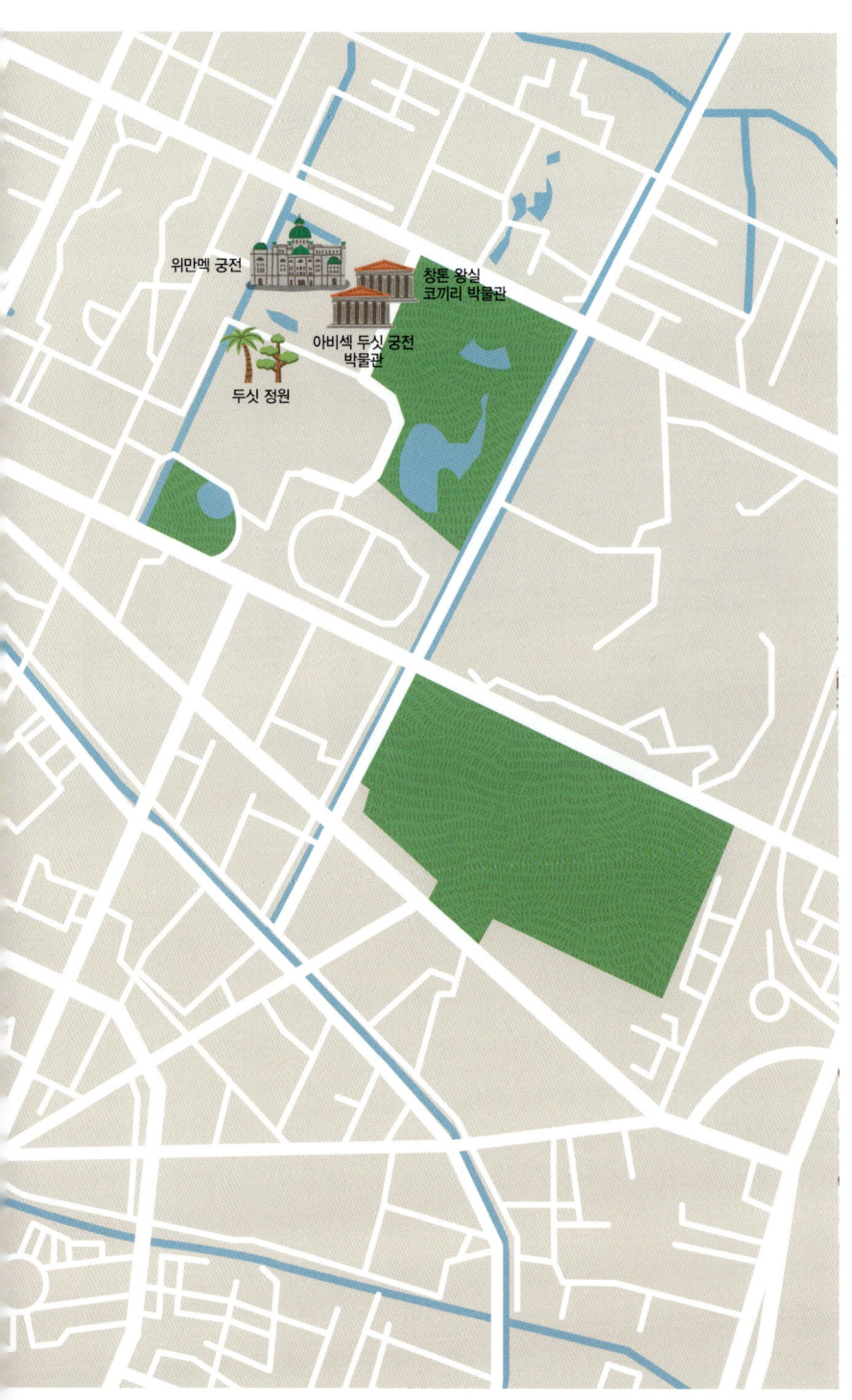

전 세계 여행자의 발자취가 닿는 천국,

카오산로드(낮)
Thanon Khaosan

　카오산로드는 차분하고 조용하게 하루를 시작하고, 복잡하면서 요란스럽게 하루를 마무리한다. 소소한 물건을 사고파는 사람들, 저렴한 먹을거리로 한 끼를 해결하려는 여행자들, 좁은 의자에 앉아 머리를 땋는 사람과 헤나를 위해 몸을 맡기는 사람들, 무거운 가방을 메고 숙소를 찾는 여행자들, 지친 얼굴로 일정을 마무리 짓고 떠날 준비를 하는 여행자들이 복잡하게 얽혀 짧은 거리는 언제나 북적거린다.

　카오산로드는 육상 교통과 항공을 통해 인근 도시와 국가로 자유로이 오갈 수 있어 지친 여행자들이 몸을 추스르고 다음 일정을 준비하기에 매우 적합한 곳이다. 게다가 '가난한 여행자들의 천국'이라고 불릴 정도로 하루 몇 천 원이면 잠을 청할 수 있는 저렴한 게스트하우스, 2천~3천 원에 한 끼를 해결할 수 있는 식당들

이 널려 있어서 오랜 전부터 여행자들 사이에서는 유명한 장소였다. 그러다 여러 언론매체를 통해 소개되고, 앞서 다녀온 여행자들의 후기가 이어지면서 이제는 방콕을 대표하는 여행지로 당당히 자리 잡았다. 특히 한국 여행자들이 많이 모이는 장소이기도 한데, 한국인이 운영하는 숙박업소와 여행사들이 몰려 있어 여행 정보를 쉽게 얻을 수 있기도 하고, 아유타야나 깐짜나부리 등의 다른 도시와 인접해 있어 인근 도시로 떠나는 투어 예약 및 출발을 위해 이곳을 찾기 때문이다.

이용 안내

◆ **주소:** Thanon Khaosan Rd., Talat Yot, Phra Nakhon, Bangkok

낯선 땅의 생소한 도시에서 자유를 경험할 수 있는 곳이다. 익명성이 주는 자유로움에 세계의 여행자들이 한데 어우러져서 만들어내는 이국적인 문화는 한국이라는 좁은 땅에서 발견하지 못한 다양한 문화를 경험하게 만들어준다. 큰 돈 들이지 않아도 삼시세끼를 해결하고 하룻밤을 지낼 수 있다 보니 주머니 사정이 좋지 않은 여행자들에게는 이만한 천국도 드물다. 게다가 카오산로드를 중심으로 왕궁과 왓 포, 민주기념탑, 차오프라야 강 등 볼거리들이 널려있어서 일정 중 하루 정도는 카오산로드에 있는 게스트하우스나 저렴한 호텔에서 보내는 것도 알찬 시간을 보낼 수 있는 한 방법이다.

> **Tip**
>
> 최근 카오산로드는 거듭해서 확장되고 있다. 카오산로드의 좁은 거리가 포화 상태이고, 좀더 조용한 환경을 원하는 여행자들이 생겨나면서 인근 거리에 카오산로드와는 다른 매력을 가진 상권이 형성되었다. 오랜 여행자들이 자연스럽게 새로운 거리로 스며들어 인근 거리도 새로운 모습으로 변모하고 있다. 그러니 시끌벅적한 카오산로드만 둘러보지 말고 인근에 있는 람부뜨리로드(Thanon Rambuttri)와 타니로드(Thanon Tani), 크라이씨로드(Thanon Krai Si)와 방람푸 운하 건너 삼센로드(Thanon Sam Sen)까지 둘러보자. 구석구석 숨어있는 명소들을 모두 만나볼 수 있다. 또한 좁은 골목을 따라 거리 뒤에 숨어 있는 방콕의 속살을 만나는 것도 남다른 즐거움이 될 것이다.

처음 캐리어를 끌고 카오산로드에 들어서던 날을 잊을 수 없다. 짧고 좁으면서 복잡한 골목에 접어드는 순간 충격에 빠진다. 도로는 노점상들로 뒤엉켜 복잡하고, 오가는 사람들은 인종도 피부색도 모두 다르기 때문이다. 그러다 보니 한국의 이태원처럼 방콕 안의 이국적인 땅처럼 느껴지기도 한다. 동대문 시장 한복판에 있는 듯한 느낌을 주는 이 좁은 골목은 구할 수 없는 것이 없을 만큼 많은 것들을 판다. 심지어 각 나라의 신분증이나 증명서를 만들어 파는 노점상도 버젓이 영업중이며, 도로변에 작은 의자를 놓고 레게 머리를 말고 있는 상인과 이니셜 팔찌나 헤나를 그려주는 상인이 공존한다. 싼 가격에 한 끼를 해결할 수 있는 면류와 더위에 제격인 음료를 파는 가게들도 즐비하다. 카오산로드는 호불호가 갈리는 관광지다. 생각했던 것보다 복잡하고 시끄럽다는 이유로 실망을 하는 사람들이 있는 반면에, 카오산로드만의 자유로운 분위기와 저렴하면서 풍부한 먹거리를 맛볼 수 있어 좋아하는 사람들도 있다. 어느 여행지든 모든 여행객을 만족시키는 곳은 없다. 너무 큰 기대나 편견을 가지고 방문하기보다는 카오산로드를 온전히 느껴보겠다는 마음으로 카오산로드를 둘러보자.

카오산로드
어떻게 가야 할까?

▶ **버스로 이동하는 방법**

3번, 15번, 503번, 511번, 532번 버스 등이 카오산로드 부근을 지나간다. 참고로 터미널21이 있는 아속역에서 버스를 타고 카오산로드로 가는 방법은 다음을 참조하면 된다.

① 아속역 2번 출구로 나간다. 출구를 나서기 전 2층 역사에서 정면으로 타임스퀘어가 보인다.

② 도로에 내려서면 곧장 직진한다. 건물 3~4개를 지나면 타임스퀘어 건물과 만날 수 있다.

③ 타임스퀘어를 지나면 작은 버스 정류장이 나온다. 버스 정류장 뒤로 한글 간판이 보이는 건물이 한인 상가다.

④ 511번 버스를 탄다. 버스를 타고 자리를 잡으면 승무원이 버스비를 받으러 다닌다. 카오산로드를 간다고 말하고 돈을 내면 승차권을 준다.

⑤ 민주기념탑이 보이면 내린다.

⑥ 버스에서 내려 길을 건너면 카오산로드가 시작하는 지점이다.

ⓒ 김작

▶ **수상보트로 이동하는 방법**

사판탁신역 2번 출구로 나가서 사톤 선착장(Tha Sathorn)으로 간 뒤, 배 후미에 노란색 깃발을 단 보트를 타고 13번 선착장인 프라아팃 선착장(Tha Phra Athit)에서 내린다. 이곳에 내리면 거의 모든 사람이 카오산로드로 간다. 몰려가는 무리를 따라 10여 분만 걸으면 카오산로드에 도착한다.

> **Tip**
> 카오산로드로 가는 방법은 여러 가지다. 하지만 그 어느 것도 정답이라고 할 수 없는 만큼 초행인 여행자가 찾아가는 일이 쉽지 않다. 그런데 아이러니하게도 찾아가기 어려운 곳 부근에 볼 만한 곳이 널려 있다. 그래서 여행자마다 다양한 방법으로 카오산로드에 가지만, 버스는 현지 지리에 익숙하지 않은 여행자들에게는 불편하다. 보트는 갈아타는 번거로움과 선착장을 찾아야 하는 난감함이 발목을 잡는다. 게다가 택시는 러시아워와 만나면 정체를 거듭하기 일쑤지만 방콕의 무더위와 도심의 복잡함에 지치다 보면 결국 택시를 이용하게 된다. 카오산로드에서 가장 가까운 BTS역은 라차테위 공항철도와 연결되는 파야타이역이다. 이곳에서 택시를 타면 60~80B의 요금으로 카오산로드에 갈 수 있다.

카오산로드(낮)
어떻게 즐겨볼까?

싸고 저렴한 길거리 음식들을 맛보자. 도로 가장자리에 자리를 잡고 저렴한 국수류나 쏨땀을 먹는 여행자들을 심심찮게 볼 수 있다. 더위에 지칠 무렵이면 땡모반(수박 주스) 한 잔으로 갈증과 더위를 해결해본다.

전 세계 여행자들의 추천을 받는 숨은 맛집들, 작고 허름하지만 싸고 맛있는 먹거리를 판매하는 가게들을 찾아다니며 이국적인 맛의 향연을 온전히 음미해보자.

땡모반

남의 눈치가 보여서 못했던 것들을 해보는 것도 낯선 이국땅에서 즐길 수 있는 즐거움 가운데 하나다. 가장 자신 있는 부위에 아름다운 무늬와 나만의 글씨를 새겨 넣는 헤나, 한국에서는 엄두도 못 내던 레게 머리에 도전해보자. 여행을 기념하며 이니셜 팔찌를 만들어도 좋다.

골목과 골목 사이를 거닐어보자. 인터넷에서 본 흔한 풍경들 말고, 여행 책자에서 안내하는 그렇고 그런 풍경들이 아닌 이곳에서 온전히 나만이 알 수 있는 또 다른 풍경을 만들자.

여행 책자를 들고 허둥대는 한국인들, 친근감이 느껴지는 동양인들, 한가롭게 커피를 마시는 서양인들, 그리고 태국 현지인들에게 열린 마음으로 다가가보자. 말을 거는 게 쑥스럽다면 태국 여행의 정보 사이트인 태사랑 카페에 함께 밥 먹자는 글을 올려 동행을 모아 보자. 이야기를 나누면 여행의 즐거움이 배가될 것이다.

카오산로드 맥도날드에서만 파는 독특한 제품이 있다. 바삭한 튀김 안에 달콤한 잼이 들어 있는 콘 파이, 시금치 파이, 파인애플 파이다. 저마다 개성이 독특해 어떤 것이 더 맛있다고 말하기 힘들지만, 간단한 간식거리로 맛보기에는 더없이 좋다. 식어도 맛있기 때문에 출출한 밤에 먹는 야참으로 이만한 음식이 없다.

전 세계 여행자가 몰려드는 곳이라서 여행을 마친 여행자들이 자신의 물건을 싸게 팔기도 한다. 골목에는 헌책방들이 몇 곳 있는데, 그곳에서는 한국 여행자들이 팔고 간 여행서들을 여럿 발견할 수 있다. 환율을 따져보면 한국보다 저렴한 가격에 여행서를 구매할 수 있으니 골목을 구경하다가 헌책방이 보인다면 잠깐 들러보는 것도 나쁘지 않다.

카오산로드를 걷다 보면 가짜 신분증이나 각종 서류를 만들어주는 사람과 만나게 된다. 기자증이나 학생증은 물론 대학 졸업증명서 같은 것도 만들어준다. 기념 삼아 재미로 만드는 것이 아니라면 주의해야 한다. 여행자들이 할인을 받거나 유스호스텔 등을 이용하기 위해 학생증이나 신분증을 만드는 경우가 많은데 이는 불법이기 때문이다.

카오산로드
주변 살펴보기

민주기념탑(Democracy Monument)

랏차담넌 클랑로드(Thanon Ratchadamnoen Klang) 중간에 있는 탑이다. 카오산로드에서 남동쪽으로 300m 거리에 있으며, 딘서로드(Thanon Dinso)를 따라 걸어 내려가면 왓 수탓을 거쳐 왕궁으로 갈 수도 있다.
1932년 6월 24일 절대 왕정이 붕괴되고 헌법을 제정한 민주 혁명을 기념하기 위해 만들어졌다. 가운데는 민주주의를 위해 희생된 사람을 기리는 위령탑이 있고, 그 주변을 4개의 탑이 감싸고 있다. 탑의 높이는 모두 24m로 6월 24일을 상징한다. 탑의 하단부에는 정부를 전복하려고 했던 인민당의 행적이 묘사되어 있다.

가는 방법: 카오산로드에서 도보로 5분, 판파 선착장(Tha Phan Fa)에서 도보로 5분 **주소**: Ratchadamnoen Klang Rd., Phra Nakhon, Bangkok **이용시간**: 24시간 **입장료**: 무료

> **Tip**
> 민주기념탑이 있는 랏차담넌 클랑로드는 왕궁과 현재 국왕이 거주하는 치트랄다 궁전을 연결한다. 도로 중앙에는 국왕이나 왕비의 사진이 연속적으로 걸려 있는 모습을 볼 수 있고, 국왕 생일이나 왕비 생일이 되면 휘황찬란한 야간 조명을 설치하면서 축제 분위기를 연출한다.

왓 차나송크람(Wat Chana Songkhram)

카오산 지역의 지리를 파악하는 데 중요한 사원이다. 카오산로드 경찰서 건너편에 있다. 사원 내부에 있는 후문으로 길이 나 있어 낮에는 지름길로 이용하기도 한다. 사원에는 가루다를 타고 있는 비슈누 조각, 유리 조각 모자이크 등으로 치장한 불당 등 아기자기한 볼거리가 있다.

파쑤멘 요새(Pra Sumen Fort)

하얀색의 성벽 같이 생긴 건물로 프라아팃로드(Thanon Phra Athit)와 파쑤멘로드(Thanon Phra Sumen)가 교차하는 코너에 위치해 있다. 220여 년 전 방콕을 수도로 정한 라마 1세가 도시의 방어를 위해 성벽을 축조하면서 14개의 요새를 만들었는데, 현재 그 중 2개가 남아 있다.

가는 방법: 카오산로드에서 도보로 1분 **주소**: 77 Chakrabongse Rd., Chana Songkhram, Phra Nakhon, Bangkok **운영시간**: 06:00~18:00 **전화번호**: 02-281-6931 **입장료**: 무료 **홈페이지**: www.watchanasongkram.com

가는 방법: 카오산로드에서 도보로 10분, 프라아팃 선착장에서 도보로 3분 **주소**: Phra Athit Rd., Chana Songkhram, Phra Nakhon, Bangkok **운영시간**: 05:00~22:00 **입장료**: 무료

못 하나 없이 완성한 티크목 왕궁,
위만멕 궁전
Vimanmek Palace

신장병으로 고생하던 라마 5세는 1897년과 1907년 두 차례에 걸쳐 유럽을 방문하게 된다. 첫 번째 유럽 방문을 마친 뒤 새로운 왕궁을 건설하게 되는데, 그곳이 바로 유럽의 양식에 태국의 전통 양식을 가미한 위만멕 궁전이다. 못을 하나도 사용하지 않고 나무로 만들어진 이 왕궁은 세계에서 가장 큰 티크목 건물로 유명하다. 내부는 L자형의 3층 건물과 팔각형의 4층 건물로 81개의 방으로 나뉘어져 있다. 이 중 4층으로 된 팔각형 건물에 침실과 집무실, 욕실 등이 배치되어 있었다.

그런데 안타깝게도 이렇게 완성된 왕궁은 궁궐로서의 역할을 온전히 다하지 못했다. 이곳에서 5년가량 살던 라마 5세가 사망한 뒤 라타나꼬신으로 궁을 옮겼기 때문이다. 이후 1982년까지 왕실의 물품을 보관하는 창고로 활용하다가 지금의 왕

비인 시리낏(Queen Sirikit)이 이곳을 박물관으로 개조해 공개하면서 새로운 관광지가 되었다. 현재 81개의 방 가운데 공개된 것은 31개다. 라마 5세의 개인 소장품들과 유럽을 여행하면서 각 나라에서 받거나 전해진 선물들, 은·세라믹·크리스털로 만들어진 각종 공예품 등을 전시하고 있다.

　전시 공간으로 변모했지만 왕궁이었던 공간이기에 다른 왕궁처럼 노출이 심한 옷이나 찢어진 청바지, 민소매 등 예의에 어긋난 복장으로는 입장할 수 없다. 입구에서 사롱을 대여해주는 다른 곳들과는 달리 이곳에서는 100B을 주고 구매해야 한다. 아울러 신발은 벗고 들어가야 하며, 내부 촬영을 엄격히 통제하고 있어서 외부에 마련된 사물함에 카메라와 가방을 보관해야 한다.

이용 안내

◆ **주소**: 16 Rajvithi Rd., Dusit, Bangkok　◆ **운영시간**: 09:00~16:30(마지막 입장 15:15. 매주 월요일과 1월 1일, 4월 14~15일, 10월 23일, 12월 10일 등 특정일 휴무)　◆ **전화번호**: 02-628-6300　◆ **입장료**: 100B(왕궁을 입장하면서 받은 별도 티켓이 있으면 7일 이내 무료 입장이 가능)　◆ **홈페이지**: www.vimanmek.com

Tip 1
왕궁을 방문할 때 입장권을 사면 별도의 티켓을 함께 준다. 이 티켓이 있다면 왕궁을 방문한 날을 기준으로 7일 안에 위만멕 궁전을 포함한 두싯 정원의 여러 곳을 무료로 입장할 수 있다. 다만 입장한 뒤에도 자주 티켓 검사를 하니 보관을 잘 해야 한다.

Tip 2
전체를 둘러보는 데 생각보다 많은 시간이 소요되고 쉽게 지칠 수 있다. 모든 곳을 다 보겠다는 무리한 욕심보다는 일정을 조율해가면서 건너뛸 곳은 적당히 넘기는 게 좋다. 다른 곳은 포기하더라도 위만멕 궁전만큼은 꼭 보고 나오는 것을 권한다.

느낌 한마디

한국을 방문하는 여행자들은 경복궁만 둘러보기도 하지만 창경궁이나 덕수궁도 찾는다. 같은 궁궐이지만 분명 다른 점이 있기 때문이다. 방콕의 왕궁을 방문한 이들이 또 다른 왕궁으로 찾는 곳이 위만멕 궁전이다. 가이드는 방콕을 방문한 여행자들에게 여행사 프로그램으로 무더운 왕궁과 시원한 실내 관람을 할 수 있는 왕궁 중 어디를 갈 거냐고 질문한다. 둘 중 한 곳만 방문 가능하다면 당연히 시원한 실내 관람이 가능한 왕궁을 선택하게 된다. 그럴 경우 데리고 가는 곳이 위만멕 궁전이다. 방콕의 여러 관광지들 중 위만멕 궁전은 그나마 에어컨이 나와서 시원하게 실내 관람을 할 수 있다. 커다란 목조 주택으로 만들어진 위만멕 궁전은 왓 프라깨오 옆 왕궁과는 다른 매력이 있기 때문에 일부러 시간을 내서라도 가볼 만하다. 어차피 왕궁을 방문하면 위만멕 궁전을 방문할 수 있는 별도의 입장권을 받으니 일정중에 잠시 짬을 내서 방문하면 된다. 다만 안타까운 것은 내부 관람에 동행할 수 있는 한국어 가이드가 없어서 한국 여행자들은 혼자 두리번거려야 한다는 점이다.

위만멕 궁전
어떻게 가야 할까?

① 카오산로드 경찰서에서 왕궁과 반대편에 있는 길을 따라 걸어간다. 람부뜨리로드와 방람푸로드를 지나 계속 걸어간다.

② 한참을 걷다 보면 고가도로와 관광안내소가 보이는 사거리를 만나게 된다. 그 앞에서 우측으로 방향을 잡는다.

③ 고가도로로 이어진 긴 길을 따라 걸어간다. 왼편은 긴 고가도로가 이어지고, 오른쪽으로는 작은 상가들이 계속해서 이어지는 길이다.

④ 도로 건너편에 KT호텔이 조그맣게 보이는 지점까지 걷다 보면 사거리를 만날 수 있다.

⑤ 도로가 조금 넓어지는 사거리로, 도로 건너편에 작은 중국음식점이 있는 곳이다.

⑥ 횡단보도를 건너 중국음식점 앞에 서면 맞은편으로 도로와 도로 사이에 있는 작은 골목길이 보인다.

⑦ 사람 2명이 걸어갈 만큼 좁은 길이다. 왼쪽은 골목 끝까지 담벼락이고, 오른쪽으로 가정집들이 군데군데 자리 잡고 있다.

⑧ 골목 중간쯤에는 현지인들이 지닌 신앙의 한 단면을 보여주는 작은 재단을 볼 수 있다.

⑨ 골목 끝까지 걸어가면 커다란 도로와 만나게 된다.

⑩ 큰 도로와 만나면 좌측으로 방향을 잡는다. 긴 담벼락을 가진 건물을 따라 걷는다.

⑪ 도로 끝까지 걸어가면 'united nations economic and social commission for asia and pacific'이라고 쓰인 커다란 간판과 만나게 된다.

⑫ 조금 더 걸어가면 정중앙에 라마 5세가 말을 타고 있는 장면을 형상화한 동상이 우뚝 서 있는 아주 큰 사거리를 만난다. 그 사거리에서 계속 직진한다.

⑬ 도로 끝에서 아난타 사마콤 궁전의 정문을 만날 수 있다. 두싯 정원을 관람하려면 그 문을 통과하면 된다. 다만 짐은 정문에서 모두 사물함에 넣고 들어가야 한다.

⑭ 정문을 마주보고 우측으로 방향을 잡고 걸어간다. 도로 건너편에 두싯 동물원이, 좌측에는 아난타 사마콤 궁전의 담벼락이 있는 길이다. 그 길을 한참 걷다 보면 아난타 사마콤 궁전 후문을 만날 수 있다.

⑮ 아난타 사마콤 궁전 담을 따라 계속 걷다 보면 좌측에 붉은색이 길게 이어진 조금은 넓은 도로를 만나게 된다.

⑯ 그 담을 따라 한참을 걸어가다 보면 관광버스가 서 있는 입구가 보이기 시작한다.

⑰ 그 문으로 들어가면 버스들이 주차되어 있는 넓은 주차장이 보인다. 그 안으로 들어간다.

⑱ 관광버스들 틈으로 사람들이 무리지어 서 있는 붉은 지붕의 매점이 보인다. 그 우측으로 들어간다.

⑲ 동선을 따라 계속해서 들어가면 매표소가 보인다. 이미 왕궁에 다녀왔다면 매표소를 지나 왕궁에서 받은 표를 들고 입장한다.

⑳ 검색대를 지나 골목을 꺾어 들어가면 만나게 되는 커다란 목조 건물이 위만멕 궁전이다.

위만멕 궁전
어떻게 즐겨볼까?

두싯 정원(Dusit Garden)
위만멕 궁전을 품고 있는 넓은 규모의 정원으로 라마 5세의 이념이 담겨 있는 공간이다. 유럽 순방을 마치고 새로운 왕궁을 조성할 목적으로 이 정원을 만들었다. '천국의 공원'이라는 이름에 걸맞게 꾸며진 아름다운 정원에는 다양한 유럽풍의 건물들이 자리를 잡고 있다.

운영시간: 화~일 09:00~15:30(월요일·국경일 휴무, 15:15 티켓 판매 종료) **전화번호:** 02-281-5454

> **Tip**
> 두싯 공원은 카오산로드에서 도보로 30분, 툭툭으로 10분이 걸린다. 요금은 40~50B에 흥정할 수 있다. 두싯 정원의 입구는 모두 4곳으로 정문은 랏차위티로드(Thanon Ratchawithi)에 있다. 남문은 시 아유타야로드(Thanon Si Ayuthaya)에 있는데 카오산로드 쪽에서 갈 경우 출입하는 문이다. 동문은 우텅 나이로드(Thanon Uthong Nai)에 있으며, 이 문은 라마 5세 동상이나 두싯 동물원과 가깝다. 서문은 랏차시마로드(Thanon Ratchasima)에 있다.

두싯 공원 박물관

두싯 공원 내 건물들은 대부분 박물관으로 사용되고 있는데, 아비섹 두싯 궁전 박물관(Abhisek Dusit Throne Hall), 수언 시 르두 궁전 박물관(Suan Si Ruedu Residential Hall), 수언부아 궁전 박물관(Suan Bua Residential Hall), 창톤 왕실 코끼리 박물관(Chang Ton Royal Elephant Museum), 라마 9세 사진 박물관(King Bhumibol's Photographic Museum), 아난타 사마콤 궁전(Ananta Samakhom Throne Hall) 등이다. 건물마다 표를 검사하기 때문에 입장권을 항상 지녀야 한다. 두싯 공원 내부에 표지판이 있지만 안내 팸플릿 지도가 더 잘 되어 있다. 안내 팸플릿은 매표소에 있다. 박물관도 왕궁처럼 복장 제한이 있다.

Tip

궁전 입구에 짐을 맡기고 1층 신발장에 신발을 넣은 뒤 계단을 따라 올라가서 내부 관람을 시작한다. 가이드의 안내를 따라 천천히 궁전 내부를 돌아본다. 관람은 가이드의 안내가 없어도 가능하며, 전체를 돌아보는 데 1시간가량 소요된다. 내부에서 사진 촬영은 금지되어 있다.

아름다운 조명과 야경으로 만나는 유럽풍 쇼핑몰,
아시아티크
Asiatique

차오프라야 강변에 있는 복합 쇼핑몰로 라마 5세 시기인 1900년대 항구 분위기를 재현해놓았다. 아시아티크가 있는 지역은 태국으로 들어오는 유럽 상인들의 배들이 모여들던 항구였다. 짐을 보관하던 창고 건물과 주변 풍경들을 복원해 유럽풍 쇼핑몰로 만들면서 수많은 여행자들이 찾는 관광지로 변모했다.

아시아에서 가장 큰 워터프론트 엔터테인먼트 공간이기도 한 이곳은 총 3만 5천 평의 부지를 차런크룽(Chareonkrung), 타운 스퀘어(Town Square), 팩토리(Factory), 워터프론트(Water Front) 등 4개의 구역으로 나누어 1,500여 개의 상점과 40여 개의 레스토랑들을 옹기종기 모아 놓았다. 각 매장은 기념품과 의류, 가방, 인테리어 용품, 패션 아이템 등을 판매한다. 그리고 조 루이스 극장, 칼립소 카바레 등에서는

다채로운 공연이 펼쳐지는데, 특히 방콕에서 가장 유명하다는 칼립소 쇼와 최근 공연을 시작한 무에타이 쇼 등을 관람하려고 방문하는 여행자들이 늘고 있다.

깔끔한 구성과 다양한 편의시설로 짜뚜짝 주말 시장과는 다른 모습을 보이는 데다, 매일 문을 열다 보니 짜뚜짝 주말 시장을 방문하지 못해서 아쉬운 여행자들이 주로 이용한다. 하지만 가격이 전반적으로 높은 편이다. 그래도 아름다운 조명을 자랑하는 대관람차를 타고 차오프라야 강의 야경을 보거나 선착장에서 어두워지는 강변 풍경을 보는 재미도 쏠쏠하다.

이용 안내

◆ **가는 방법**: BTS 사판탁신역에서 사톤 선착장으로 간 다음 아시아틱 셔틀 보트(16:00~23:30)로 10분 ◆ **주소**: 2194 Charoen Krung Rd., Wat Phrayakrai, Bangkho Laem, Bangkok ◆ **영업시간**: 17:00~24:00(매장별로 조금씩 다르다.) ◆ **전화**: 02-108-4488 ◆ **홈페이지**: www.thaiasiatique.com

Tip 1

아시아티크 매장은 오후 5시부터 문을 열기 시작한다. 매장들마다 문을 여는 시간과 닫는 시간이 조금씩 달라서 너무 일찍 가면 제대로 된 분위기를 느끼지 못할 수도 있다. 하지만 무료 셔틀 보트가 두 선착장을 오가는 동안 차오프라야 강 주변 풍광들을 유람할 수 있도록 천천히 운행하거나 멀리 돌아가는 배려를 하기도 한다.

Tip 2

아시아티크에 방문하는 날 디너크루즈를 이용한다면 시간에 맞춰 나오면 된다. 하지만 디너크루즈를 다른 날 이용하거나, 칼립소 쇼를 보거나, 쇼핑을 더 즐기다가 천천히 나오게 될 경우 무료 셔틀 보트의 마지막 시간인 23시 30분 안에 나오는 게 좋다. 그 시간이 지나면 택시를 타야 하는데, 엄청난 바가지요금을 내야할 수도 있다.

아시아티크는 한적한 강변에 자리 잡은 깔끔한 쇼핑몰이다. 어딘지 낯익어서 가만히 생각해보면 월미도 바닷가에 있는 듯한 착각이 들고는 한다. 그래서 왠지 익숙하면서도 낯선 느낌이 묘하게 공존한다.

이곳 역시 다른 여행지처럼 다녀온 사람들의 호불호가 분명하게 갈린다. 이곳의 최대 단점은 전반적으로 비싼 가격이다. 같은 물건도 카오산로드나 짜뚜짝 주말 시장, 시내 쇼핑몰보다 조금씩 높은 가격에 거래된다. 하지만 무료로 운행하는 셔틀 보트를 타는 재미만으로도 충분히 둘러볼 만한 가치가 있다. 또한 내부를 아기자기하게 꾸며놓아 인증샷을 찍기에도 좋다.

칼립소 쇼를 관람하거나 대관람차를 타고 야경을 보려는 사람이라면 반드시 들러야 할 곳 중 하나다. 꼭 쇼핑이 아니더라도 해 질 무렵 길게 그림자가 드리우는 차오프라야 강의 일몰을 감상하고 싶다면, 강변의 호젓한 정취를 느끼고 싶다면 일부러 시간을 내서 찾아가보자.

아시아티크
어떻게 가야 할까?

① 수상보트를 타고 사톤 선착장에 내린다.

② 선착장에 내려서 정면으로 나간다.

③ 출구 끝까지 나가서 우측으로 방향을 잡는다.

④ 우측 끝부분에 아시아티크로 가는 배를 타는 선착장 위치를 알려주는 이정표가 보인다.

⑤ 왼쪽은 아시아티크로 가는 곳, 오른쪽은 호텔로 가는 배를 타는 곳이므로 왼쪽으로 이동한다.

⑥ 길을 따라 끝까지 걸어가면 배를 타기 위해 대기하는 공간이 나타난다.

⑦ 15분 간격으로 운행하는 배가 선착장에 들어오면 순서에 따라 탑승한다.

⑧ 조금 일찍 배를 타면 탑승객이 많지 않아서 어느 정도 여유 있게 움직일 수 있다.

⑨ 주변 풍광들을 둘러보면서 10여 분쯤 가다 보면 맞은편 좌측으로 아시아티크의 대관람차가 보이기 시작한다.

⑩ 창고 건물들을 개조한 상점들이 길게 늘어선 부두에 도착하면 아시아티크다.

아시아티크
어떻게 즐겨볼까?

조금 일찍 배를 타면 아시아티크로 가고 오는 동안 강변 풍광들을 좀더 둘러볼 수 있게 배려한다. 가장 빠른 길이 아니라 강을 따라 천천히 선회하다 보면 남들이 보지 못한 많은 풍경을 만날 수 있다.

유럽 상인들이 방콕을 드나드는 항구로 사용된 당시의 풍경들을 고스란히 담고 있는 상점 거리 구석구석을 둘러본다.

1900년대 당시 이곳에서 일하던 중국인 노동자들의 모습을 재현해 놓은 동상들, 시장 가운데 마련된 사랑이 이루어진다는 의미의 정원 '줄리엣 발코니' 등을 배경으로 인증샷을 찍어본다.

연인들에게 인기가 좋다는 대관람차, 방콕에서 가장 유명하다는 칼립소 쇼, 최근 새롭게 시작한 무에타이 공연, 벽면을 장식한 트릭아트 등을 즐긴다.

낮보다 더 흥겨우며 풍부한 즐거움이 있는 곳,

카오산로드(밤)
Thanon Khaosan

밤이 되면 온전히 여행자의 거리가 되는 곳이다. 카오산로드는 여행지에서 돌아온 각국의 여행자들이 한꺼번에 몰려들어 골목마다 북적거리면서 변신을 시작한다. 카오산로드의 밤은 한적하고 차분하던 낮 풍경과 180도 다른 모습이다.

   더위를 피해 건물 안으로 몸을 숨겼던 길거리 카페들이 거리 밖으로 테이블을 꺼내놓으면서 카오산로드에 노천카페가 만들어진다. 또한 긴 수면의자가 골목 한쪽에 놓이고 백열등 불을 밝히면 그대로 길거리 마사지 숍이 탄생한다. 좁은 골목 담벼락 아래 자투리 공간들마다 식당들이 간이 테이블을 펼쳐놓고 여행자들을 불러들이면 새로운 맛집으로 변신한다. 낯선 친구를 만나기 위해 밤거리를 나섰든, 늦은 밤에 출출해서 먹을거리를 찾아 숙소를 나왔든, 카오산로드에서 만나는 밤은

언제나 흥겹고 스치는 사람들은 매번 새롭다.

그런데 카오산로드의 복작거림과 달리 람부뜨리로드나 따리로드, 삼센로드로 올라가면 카오산로드와 180도 다른 밤거리 풍경을 볼 수 있다. 조용한 음악이 흐르는 카페에 삼삼오오 모여 술을 마시거나 차를 마시기 때문에 밤이 되면 오히려 더 차분해진다.

이용 안내

◆ **주소:** Thanon Khaosan Rd., Talat Yot, Phra Nakhon, Bangkok

Tip

일부러 카오산로드의 맛집 탐방을 하는 여행자들, 하루를 온전히 카오산로드의 골목을 탐험하는 여행자들이 점점 늘어나고 있다. 그래서 카오산로드를 거닐다 보면 같은 사람과 여러 번 마주치는 일도 잦다. 간만에 나온 여행이라 조급해져서 바삐 둘러보고 서둘러 떠나기보다 여행자의 여유로움을 제대로 풍기며 카오산로드의 주인이 되어 보는 것도 방콕을 여행하는 또 하나의 방법이다.

느낌 한마디

오전에 카오산로드에서 받았던 신선한 충격은 밤이 되면 놀라움과 신기함으로 바뀐다. 낮에 봤던 복잡하지만 차분한 골목 풍경은 사라지고 어느새 좁은 거리에는 거대한 춤판이 벌어지기 때문이다. 도로변 카페에서는 요란한 음악이 쏟아지고, 맥주병을 하나씩 거머쥔 젊은 여행자들이 술과 음악에 취해 몸을 흔드는 모습을 예사로 볼 수 있다.

바쁜 일정에 지쳐 숙소에서 이른 잠에 빠져들었다가 늦은 밤 주린 배를 움켜쥐고 거리에 나왔다면 그날 밤은 잠들 수 없을지 모른다. 혹여 맥주 한 병을 쥐고 무리에 섞여 들었다면 거리에서 아침을 맞을지도 모른다. 그만큼 카오산로드의 밤은 낮과 많은 부분이 다르다. 세계의 여행자들과 맥주 한 병으로 친구가 되는 곳. 몸을 부대끼며 인종과 지역의 차이가 사라지는 곳. 카오산로드의 밤은 그런 곳이다. 낯선 도시에서 이국의 친구를 사귀고 싶다면 열린 마음으로 카오산로드의 밤거리에 나가보자.

카오산로드(밤)
어떻게 즐겨볼까?

밤이면 불을 밝히는 노천 마사지 숍에서 발마사지를 받아보자. 편안한 의자에 몸을 누이고 발마사지를 받다 보면 오랫동안 걸어 다니느라 쌓인 피로가 스르륵 사라질 것이다.

낯선 여행자들과 어울려 클럽으로 변신하는 노천카페에서 흥겨운 밤 문화를 즐겨보자. 거리 가득 흘러나오는 음악에 몸을 맡기고, 세계 각국의 여행자들과 어울리다 보면 방콕의 밤이 짧게 느껴질 것이다.

담벼락 아래 10여 개의 테이블을 펼쳐놓고 즉석요리를 만들어내는 노천식당에서 술과 음료를 마시며 여행의 뒷이야기를 주고받거나, 거리를 오가는 낯선 여행자들을 힐끔거리며 그들이 보낸 하루를 가늠해보자.

더운 지방으로 여행을 다니다 보면 땀으로 젖은 옷을 갈아입느라 하루에도 서너 벌의 빨래가 쏟아져 나온다. 게다가 땀에 젖은 빨래는 냄새를 풍겨서 비닐봉지로 꽁꽁 싸매 가방 깊숙이 숨겨두기 일쑤다. 삼센로드로 가면 저렴한 가격에 여행자들의 옷을 세탁해주는 곳을 여럿 만날 수 있다. 일반 가정집에서도 여행자들을 상대로 세탁을 해주고 돈을 벌기도 한다. 대부분 1kg에 80~100B 정도의 가격에 거래가 되는데, 저렴한 가격인데도 단추란 단추는 모두 채우는 꼼꼼함. 차곡차곡 개어주는 서비스에 감동하게 된다. 나나역이나 아속역 인근에서도 세탁 서비스를 하는 곳을 만날 수 있다.

카오산로드의
한인 업소

아유타야나 깐짜나부리 등 방콕의 인근 도시를 여행하거나 푸켓·파타야 등으로 이동하는 여행자들은 직접 기차나 버스 같은 대중교통을 이용할 수도 있지만, 현지 여행사의 하루 코스 여행 상품이나 교통편을 활용하면 좀더 쉽고 편하게 목적지에 갈 수 있다. 대중교통이 열악한 태국의 상황을 감안하면 1분 1초가 아까운 여행자들이 시간을 아낄 수 있는 가장 좋은 방법이다.

현재 카오산로드에 있는 한인 여행사들마다 방콕 인근 도시로 가는 여행 상품을 판매중이다. 이 업체들은 한국에서 미리 상품을 확인하고 예매할 수 있도록 인터넷 카페를 만들어 활용하고 있다. 일정이 확정되지 않아 예매하기 어렵다면 카오산로드 여행중에 업체를 방문해 예약해도 된다.

홍익인간(Hong Ik Ingaan)

카오산로드에서 가장 오래된 한인 업소로 도미토리가 있는 숙소와 식당을 운영한다. 2009년 낡은 시설 전체를 대대적으로 수리한 뒤 새로운 숙소로 깔끔하게 변신했다. 카오산로드의 다른 한인 업소들과 마찬가지로 여행 업무도 겸하고 있다. 한국 여행자들에게 워낙 유명한 곳이다 보니 이용하거나 방문하는 여행자들이 많고, 더불어 그들과 여행 정보도 공유할 수 있다.

이용 안내

◆ **위치**: 왓 차나송크람 뒤 ◆ **주소**: Bocx 17 Karon Post Office, Muang Phuket ◆ **가격**: 도미토리 8인실 1인 150B, 4인실 1인 200B, 한식 150~360B ◆ **전화**: 02-282-4361 ◆ **홈페이지**: www.thaihong.co.kr

홍익여행사(H.I.T Travel)

1997년부터 여행사 업무를 시작해서 방콕 주변 일일 투어, 버스·기차·디너크루즈·항공편 예약, 비자 업무 대행, 호텔 예약 등의 업무를 전담하는 대표적인 한인 업소다. 입장권이나 승선권 등을 시내 여행사나 여행자가 직접 예약할 때보다 저렴하게 구입할 수 있다. 한국인이 직접 운영하기 때문에 도움이 되는 유용한 정보를 얻을 수 있다.

이용 안내

◆ **위치**: 사왓디 스마일 인 호텔 옆 ◆ **주소**: 49/4 Soi Rongmai, Chaofa Rd., Banglampoo, Bangkok ◆ **이용시간**: 월~토 09:30~19:00(일요일 휴무) ◆ **전화번호**: 02-282-4114, 02-281-3825 ◆ **홈페이지**: www.hongiktravel.com

농대문(Dong Dae Moon)

식당뿐만 아니라 여행 업무와 도미토리를 함께 운영하는 곳으로 한국 여행자들 외에 외국 여행자들도 많이 찾는다. 각종 여행상품이나 교통편을 예약할 수 있으며, 홈페이지를 통해 한국에서도 예약을 하거나 관련 정보를 문의할 수 있다. 1층 식당은 태국 음식과 각종 해산물 요리, 그리고 한국 음식도 판매하고 있어서 태국 음식이 입에 맞지 않거나 한국 음식이 그리울 때 찾을 만하다. 특히 이곳에서 판매하는 김치말이국수는 여행자들 사이에 입소문이 나 있다.

이용 안내

◆ **위치**: 왓 차나송크람 뒤. 람부뜨리로드 안쪽 골목으로 들어가면 보이는 오 헝그리 레스토랑을 지나 에라완 하우스 첫 번째 작은 골목으로 우회전 ◆ **가격**: 한식 100~250B, 태국 음식 65~100B ◆ **전화번호**: 084-768-8372 ◆ **홈페이지**: cafe.naver.com/bkkdongdaemoon

디디엠(DDM)

카오산로드에서 조금 떨어져 있지만 복작거리는 카오산로드의 다른 업소들과 달리 한적하고 쾌적한 것이 장점이다. 한식을 주로 판매하는 레스토랑과 게스트하우스를 함께 운영한다. 레스토랑 음식은 맛이 무난해서 태국인들도 자주 찾아온다.

이용 안내

◆ **위치**: 차오파로드에 있으며, 국립미술관에서 100m 가량 떨어져 있다. ◆ **주소**: 1, Chao Fa Rd., Chana Songkhram, Phra Nakhon, Bangkok ◆ **가격**: 2인 도미토리 200B, 5인 도미토리 380B, 싱글룸 550B, 더블룸 2인 650B, 패밀리룸 3~4인 1천B 한식 120~200B, 덮밥 120~140B, 맥주 50~110B ◆ **전화번호**: 02-281-1321 ◆ **홈페이지**: cafe.naver.com/ddmoh

풀 호스텔(Full Hostel)

최근 새롭게 뜨고 있는 삼센로드에 자리 잡은 호스텔이다. 삼센로드는 카오산로드와 다르게 조용하고 차분한 거리라서 한없이 편안한 휴식을 취할 수 있다. 인근에 가볍게 술을 마실 만한 주점과 레스토랑, 식당들이 있어서 유용하다. 번잡한 카오산로드에 시달린 사람이라면 적당한 휴식을 취하기에 이만한 곳도 드물다.

이용 안내

◆ **위치**: 칠렉스 리조트에서 좌회전해서 약 100m 정도 ◆ **주소**: 196, 2 Sam Sen Rd., Banglampoo, Phra Nakhon, Bangkok ◆ **가격**: 팬 싱글룸 300B, 에어컨 4인 도미토리 1천B, 에어컨 싱글룸 400B, 에어컨 더블룸 650B ◆ **전화번호**: 070-8627-4459 ◆ **홈페이지**: blog.naver.com/fullhostel

방콕, 무엇을 먹을까?

정갈해서 맛있게 맛볼 수 있는 중화요리,
홍콩누들
Hong Kong Noodle

카오산로드의 식당들은 저렴한 값이 최고의 장점이다. 2천~3천 원이면 먹을 수 있는 한 끼 음식이 가득해서 카오산로드의 식당들은 언제나 여행자들로 붐빈다. 하지만 가끔은 툭툭 튀어나오는 바퀴벌레에 충격을 받았다거나 직원들의 불친절에 상처 받았다는 여행자들의 이야기가 들려오고는 한다. 홍콩누들은 그럴 때면 생각나는 곳이다. 가격도 저렴하지만 허름한 카오산로드 식당의 위생이 신경 쓰이거나 깔끔한 음식이 먹고 싶다면 들러도 좋은 곳이다.

최근 주목받기 시작한 방람푸 사거리에 있으며, 주방이 오픈되어 있어 그 내부나 음식을 만들어내는 모습을 볼 수 있다. 깔끔한 그릇에 정갈하게 음식이 나오고 가격도 저렴하기 때문에 부담 없이 한 끼를 해결할 만하다. 시암이나 차이나타운

완탕 스프

새우 딤섬

에도 지점이 있지만, 그 외에도 지점이 꽤 많아서 여행 일정에 맞춰서 방문 계획을 잡으면 편하다. 이곳의 장점은 무엇보다 방콕에서 홍콩의 향기를 느낄 수 있어 색다르다는 것이다. 홍콩에서 자주 맛볼 수 있는 딤섬과 면류, 게살 스프 등 중화풍의 다양한 음식들을 판매한다.

이용 안내

◆주소: Chakrabongse Rd., Talat Yot, Phra Nakhon, Bangkok ◆영업시간: 10:00~22:00 ◆전화번호: 02-629-1323 ◆홈페이지: www.facebook.com/hongkongnoodle

방콕, 무엇을 먹을까?

간판은 없지만 유명해서 찾기 쉬운 맛집,
어묵국수집
Fish Ball Noodles

간판이나 이름이 있지는 않지만 여행자들 사이에서 꽤 유명해서 찾기 쉽다. 여행자들에게 어묵국수집이라고 불리는 이 가게는 차크라퐁로드를 따라 형성된 노점과 자그마한 가게들 사이에 자리 잡고 있다. 카오산로드 최고의 국수집이라는 평을 받는 나이쏘이(Nai Soi)가 한국 여행자들에게 알려져 유명해지자 가격을 엄청나게 인상했고, 뒤이어 블로거들의 좋지 못한 후기들이 이어졌다. 그 후 발길을 돌린 여행자들이 몰리고 있는 음식점이 바로 이 가게다.

람부뜨리로드와 차크라퐁로드가 만나는 사거리에서 방람푸 사거리 방면으로 걷다 보면 마켓과 노점들 사이에서 이 가게를 발견할 수 있다. 타니로드 입구에 있는 세븐일레븐 옆에 있으니 찾기에 어렵지 않다. 투명한 유리 벽면에 각양각색의 어

꾸어이 띠여우 남(오리지널 스프)

뽀삐야

묵이 수북이 쌓여 있고, 창 너머로 국수를 조리하는 장면을 볼 수 있다.
　맑은 국물에 어묵을 잔뜩 썰어 넣은 어묵국수인 꾸어이 띠여우 남(Kuay Teaw Nam)과 태국식 스프링 롤인 뽀삐야(Por Pea)가 이 집의 인기 메뉴다. 향신료를 많이 쓰지 않고 새우 가루나 사골 등으로만 국물을 낸다. 그래서 향신료에 거부감이 있는 사람도 한 번 도전해볼 만하다. 다만 양이 작다는 게 단점 아닌 단점이 될 수 있다.

이용 안내

◆ **위치**: 차크라퐁로드의 크룽씨 은행 맞은편에 있는 세븐일레븐 옆에 위치해 있다. ◆ **주소**: 118 Chakrabongse Rd,, Khwaeng Chana Songkhram, Khet Phra Nakhon, Bangkok ◆ **가격**: 꾸어이 띠여우 남 小 40B, 大 50B
◆ **영업시간**: 08:30~17:00

카오산로드의 또다른 국수 맛집, 지라 옌타포(Jira Yentafo)
방콕에는 많은 어묵국수집이 있다. 그 중 지라 어묵국수로 유명한 '지라 옌타포'는 카오산로드 3대 국수집 중 하나다. 이곳은 언제나 태국 현지인들로 북적거리고 찾기 힘든 곳에 있지만, 고생해도 후회하지 않을 만큼의 맛이 보장되는 가게다. 주문할 때 면과 국물의 종류, 사이즈를 선택하면 된다. 면은 매우 가는 면부터 넓적한 면, 계란 면이 있고, 맑은 국물인 오리지널과 옌타포라는 붉은 국물, 국물 없이 소스를 첨가하는 갈릭 앤 오일이 있다. 사이즈는 S와 L이 있고, 어묵을 추가 메뉴로 주문할 수 있다. 이 모든 과정을 설명해놓은 한글 메뉴판도 준비되어 있어 주문하는 데 결코 어렵지 않다. 오전 8시부터 오후 3시까지 영업을 하며, 매주 수요일은 휴무다.

> 방콕, 무엇을 먹을까?

쫀득 국수로 유명한 카오산로드 3대 국수집,
쿤댕 꾸어이잡 유안
Kundeng Kuwayjap Yuan

가게를 온통 연두색으로 디자인해서 멀리서도 눈에 띄는 집이다. 나이쏘이, 지라 엔타포와 함께 카오산로드 3대 국수집으로 불리는 쿤댕 꾸어이잡 유안은 수많은 매체에 소개되면서 유명해진 가게다. 일명 쫀득 국수를 파는데, 우리나라의 칼국수처럼 생긴 면으로 국수를 만든다. 데쳐내는 일반적인 쌀국수가 아니라 우리나라에서 면을 삶듯이 처음부터 끓여내기 때문에 면이 쫀득하게 느껴진다. 그래서 쌀국수라고 생각하면 조금 낯설고, 우리나라 면을 생각하면 반갑다.

면발이 쫀득해서 다른 가게에서 판매하는 국수들에 비해 포만감이 높으며, 테이블마다 준비되어 있는 양념을 국물에 넣으면 해장하기에 좋을 만큼 국물이 얼큰하고 맛이 좋다. 그뿐만 아니라 국수에 계란이나 소세지, 샬롯(작은 양파의 일종) 등의

꾸어이 띠여우 남(베트남 국수)

소시지 스파이시 타이 샐러드

토핑을 추가해서 먹을 수 있다. 또 쫀득 국수와 함께 소시지 스파이시 타이 샐러드 (Pork Sausage Spicy Thai Salad)도 인기가 많다.

이 곳 역시 나이쏘이의 아쉬움을 달래려는 한국 여행자들에게도 많이 알려지면서 한국어 메뉴판도 마련되어 있고, 점원이 한국말도 조금 할 줄 알아서 주문이 한결 쉽다. 다른 국수집들과 달리 조금 외진 프라아팃로드에 위치한다.

이용 안내

◆ **주소**: 74 Phra Athit Rd., Chana Songkhram, Phra Nakhon, Bangkok ◆ **전화번호**: 085-246-0111 ◆ **영업시간**: 월~토 11:00~21:30(일요일 휴무) ◆ **가격**: 꾸어이 띠여우 남 45~55B

카오산로드의 또다른 국수 맛집, 나이쏘이(Nai Soi)

한국인들이 자주 찾는 맛집답게 입구 간판에 한국어로 '나이쏘이'라고 빨간색 글자로 써져 있다. 갈비 국수로 유명한 나이쏘이는 프라아팃로드에 자리 잡고 있다. 종업원이 어떤 음식인지 알 수 있는 메뉴판을 보여주기 때문에 입맛대로 고르면 된다. 이곳도 주문할 때 지라 옌타포와 비슷하게 면의 굵기와 국물 여부, 메뉴와 사이즈를 고르면 된다. 주문과 동시에 요리가 만들어지기 시작하는데 꽤 빨리 나온다. 다만 사람에 따라 음식의 양이 작다고 느낄 수도 있으니 염두에 두자. 영업시간은 오전 7시부터 오후 4시까지다.

방콕, 무엇을 먹을까?

저렴하게 한 끼 식사를 해결할 수 있는 식당,
탐마삿대학교 구내식당
Thammasat University

  1934년 정치학부를 중심으로 설립된 학교로 1980년대 후반과 1990년대 초반에 민주화 항쟁을 이끌었던 곳이라는 자부심이 가득하다. 출랄롱코른대학교와 함께 태국 명문 대학으로 손꼽히는데, 특히 정치학부는 태국 최고로 인정받는다.
  카오산로드에서 왕궁으로 가는 길 사이에 있어 가다가 잠깐 들러 캠퍼스 투어를 하는 여행자들도 많다. 시간을 잘 맞추면 태국의 대학생들을 볼 수 있다는 점도 관광객들의 발길을 이끌지만, 이곳이 여행자들에게 사랑받는 또 다른 이유는 구내식당 때문이다.
  차오프라야 강변에 있어서 강변 풍경을 보는 재미 이상으로 구내식당이 매력적인 이유는 일반인들도 저렴한 가격에 태국음식을 맛볼 수 있기 때문이다. 중앙의

 테이블을 기준으로 음식점들이 푸드 코트처럼 둥글게 배치되어 있는데, 카드를 충전해서 써야 하는 푸드 코트와 달리 음식점 한 곳을 골라 직접 돈을 내고 원하는 음식을 주문하면 된다. 유리로 만들어진 진열대에는 다양한 음식 재료들이 전시되어 있고, 벽면에는 음식 사진과 가격이 기재되어 있어서 많은 대화 없이도 음식을 주문할 수 있다.
 구내식당을 가는 길에 만나는 대학 도서관은 20B만 내면 일반인도 입장이 가능하다. 태국과 주변 국가에 대한 자료들이 많아서 관심이 있는 여행자라면 방문해 볼 만하다.

이용 안내

◆ 주소: 12 Prachan Rd., Phra Borom Maha Ratchawang, Phra Nakhon, Bangkok ◆ 전화번호: 02-613-3333
◆ 가격: 30~50B ◆ 홈페이지: www.tu.ac.th

> 아주 특별한 방콕

강 위에서 낭만을 항해하며 즐기는 경치,
디너크루즈
Dinner Cruise

디너크루즈는 방콕의 낭만적인 밤을 즐기는 여러 가지 방법 가운데 하나다. 차오프라야 강을 따라 이어진 왕궁, 왓 아룬, 파쑤멘 요새, 라마 8세 대교 등이 불을 밝히면 2시간 동안 크루즈를 타고 강을 돌며 아름다운 야경을 감상할 수 있다. 저녁 7시 무렵 리버시티(River City) 선착장에서 출발하는 디너크루즈에서는 라마 8세 대교까지 1시간가량 선상 뷔페와 야경을 즐기고, 되돌아오는 1시간 동안 재즈 연주와 라이브 공연을 감상하게 된다.

　밤이면 차오프라야 강에 여러 척의 디너크루즈가 운행되는데, 워낙 유명하다 보니 그 많은 배들이 대부분 만석으로 운행된다. 그러다 보니 원하는 시간에 탑승하려면 미리 예약하는 게 좋다. 오전에 카오산로드를 관광하기 전에 홍익여행사 등

에 들러 당일에 탑승할 수 있는 디너크루즈를 확인하고 미리 표를 끊어두면 원하는 시간에 이용하면서 할인도 받을 수 있다. 대부분 비슷한 프로그램으로 운영되니 원하는 상품을 따로 있는 게 아니라면 시간에 맞는 크루즈를 예약하면 된다.

다만 디너크루즈라는 이름에 비해 먹거리가 대단하지는 않다. 한국의 예식장 뷔페를 고스란히 배 위에 옮겨왔다고 생각하면 된다. 게다가 탑승객이 워낙 많다 보니 줄이 길어 음식을 담는 데도 꽤 긴 시간이 걸린다.

대부분 비슷한 시간에 운행되고, 이용객이 많아서 리버시티로 가는 길은 예정 시간보다 길어질 수 있다. 탑승 시간을 감안해 조금 더 부지런히 움직이는 것이 좋다. 요금은 선박의 규모나 음식의 종류에 따라 보통 1천~2천B 정도이며 주류나 음료는 별도로 계산한다.

차오프라야 강변에 어둠이 내리면 수많은 크루즈들이 운행을 시작한다. 도시의 아름다운 야경을 보며 천천히 강을 미끄러지는 크루즈 위에서 뷔페 식사를 하고, 쇼를 보면서 강을 따라 자리 잡은 유적들이 불을 밝힌 모습을 보는 일은 참 낭만적이다. 그러나 너무 유명세를 치르다 보니 선착장은 언제나 탑승객들로 북적거린다. 식사를 시작할 무렵이면 뷔페 주변에 줄이 길게 늘어서기도 한다. 그뿐만 아니라 저렴한 태국 음식과 비교하면 음식의 질이나 크루즈 비용은 다소 과하다고 느껴질 수도 있다. 하지만 늦은 밤 천천히 흘러가는 강을 따라 즐기는 이국적인 풍광으로 여행이 주는 남다른 느낌을 충분히 얻을 수 있다.

디너크루즈 선착장
어떻게 가야 할까?

① 시 프라야(Si Phraya) 선착장에서 내려서 밖으로 빠져 나간다.

② 선착장을 나서면 건물 사이로 난 좁은 길이 보인다. 그 길을 따라 직진한다.

③ 골목을 빠져나오면 건물 끝에서 삼거리를 만나게 된다.

④ 삼거리에서 우측을 보면 차들이 분주히 오가는 좁은 골목이 있다. 그 길을 따라 직진한다.

⑤ 작은 시장 골목을 만나도 계속 직진한다.

⑥ 사람들이 많이 다니는 좁은 길을 만나면 멀리 리버시티 쇼핑몰이 보이기 시작한다.

⑦ 길이 끝나는 지점에 리버시티 쇼핑몰이 보이고, 우측으로 주차장이 보인다.

⑧ 주차장 건물로 들어간다. 차들이 나오는 출구 왼쪽으로 사람들이 다니는 보도가 보일 것이다.

⑨ 그 길을 따라 직진하면 계단이 있다. 계단 위에서 좌회전한다.

⑩ 주차하는 차량들이 들어오는 도로 왼편으로 크루즈 사무실들이 보인다.

⑪ 예약한 표를 들고 크루즈 사무실에 들어가면 승선 가능한 스티커를 붙여준다.

⑫ 사무실을 나와 주차 차량들이 진입하는 좌측 출입구 쪽으로 나간다.

⑬ 주차장 밖 우측 건물이 크루즈를 탑승하는 선착장이 있는 리버시티 건물이다.

⑭ 리버시티를 통과해 차오프라야 강변으로 걸어간다.

⑮ 탐앤탐스 커피숍이 있는 1번 출구가 크루즈를 탑승하는 선착장이다.

디너크루즈
어떻게 즐겨볼까?

리버시티 선착장에서 탑승을 기다린다. 여러 대의 크루즈가 비슷한 시간에 운행되고 많은 사람들이 한꺼번에 몰리다 보니 선착장은 사람들로 북적거린다.

예약 확인을 마치면 직원이 스티커를 붙여준다. 같은 배라도 좌석에 따라 스티커 색깔이 다르다. 카메라맨과 꽃바구니를 든 여직원들이 스티커를 보고 다가와 꽃을 건네고 사진을 찍어준다. 여행을 마치면 부두에 전시된 사진을 확인하고 구매하면 된다.

탑승 시간이 되면 정해진 크루즈에 탑승하면 된다. 입구에서 직원들이 승선권을 확인하고 좌석을 배정해 준다.

지정된 좌석에 앉으면 웰컴 음료가 제공되고, 테이블을 세팅해준다.

좌석 배정을 받았다면 식사를 하면 된다. 입장과 동시에 식사가 시작되기 때문에 줄이 길게 늘어선다.

식사를 하면서 창밖으로 펼쳐지는 차오프라야 강변의 야경을 즐긴다. 조금 일찍 식사를 마쳤다면 밖으로 나가서 강바람을 맞으며 좀더 여유 있게 즐겨도 된다.

불을 밝힌 라마 8세 대교가 보이면 반환점에 온 것이다. 색을 달리하는 라마 8세 대교의 야경을 감상한다.

선상에서 펼쳐지는 공연을 즐긴다. 라이브 공연과 무용수들의 쇼가 끝나면 관광객들을 상대로 포토타임도 제공한다.

어떤 디너크루즈가 운행중일까?

차오프라야 강에는 꽤 여러 편의 디너크루즈가 운행중이다. 가장 편한 방법은 카오산로드의 한인 여행사에서 미리 짜놓은 일정에 맞는 디너크루즈 승선권을 예매하는 것이다. 자신이 타고 싶은 크루즈를 지정해도 되고, 여행사에서 추천해주는 탑승 가능한 배편을 이용해도 된다. 대부분 비슷한 프로그램으로 운행되고 있으니 어느 것을 선택해야 할지 너무 고민하지 않아도 된다.

여기 소개한 디너크루즈 이외에도 샹그릴라 호텔에서 출발해 끄룽톤 다리까지 왕복하는 샹그릴라 호라이즌 디너크루즈(Shangri-La Horizon Cruise), 티크목으로 만든 목조 선박에 70여 명만 태우고 운행하는 러이 나바 디너크루즈(Loy Nava Dinner Cruise) 등도 운행중이다.

차오프라야 프린세스(Chaophraya Princess)
가장 일반적인 디너크루즈로 한국 여행사들이 단체 패키지로 많이 판매해 한국인 단체 여행자의 탑승이 많다. 한국인들이 많이 탑승하다 보니 음식도 한국인의 입맛에 잘 맞는 편이다. 미리 좌석이 배정되기 때문에 안내에 따라 지정된 좌석에 앉아서 식사를 하면 된다. 식사를 마친 뒤에는 좌석을 자유롭게 오갈 수 있다. 갑판인 2층에서는 자주 즉흥무대가 만들어진다.

이용 안내

◆위치: 리버시티 앞 시 프라야 선착장 투어 센터 1번 ◆운영시간: 19:30~21:30 ◆전화번호: 02-860-3700 ◆가격: 800~850B ◆홈페이지: www.chaophrayaprincess.com

화이트 오키드 리버 크루즈(White Orchid River Cruise)

가장 최근에 운행을 시작해서 다른 크루즈보다는 조금 여유 있게 이용할 수 있다. 하지만 방콕에서 크루즈 투어는 늘 이용자로 넘쳐날 만큼 인기가 많아 화이트 오키드 리버 크루즈 역시 차오프라야 프린세스처럼 점점 복잡해지고 있다. 운행 방식이나 이용 방법은 차오프라야 프린세스와 비슷하다. 여행사를 통해 예약할 경우 특별한 요청이 없으면 차오프라야 프린세스와 화이트 오키드 리버 크루즈 중에 여유가 있는 크루즈로 배정해준다.

이용 안내

◆주소: 858 Charoen Nakorn Rd., Bang Lam Phu Lang, Khlong San, Bangkok ◆운영시간: 19:30~21:45 ◆전화번호: 02-438-8228 ◆홈페이지: www.whiteorchidrivercruise.com

펄 오브 시암(Pearl of Siam)

'그랜드 펄'이라고도 불리는 펄 오브 시암은 다른 디너크루즈에 비해 규모가 작은 대신에 훨씬 짜임새 있고 세련된 분위기를 연출한다. 음식이 좋은 편은 아니지만 단체 손님 대신 가족이나 연인 단위의 손님이 많고, 재즈풍의 조용한 음악이 연주되어 복작거리는 느낌이 덜하다. 운행 시간이나 코스는 다른 크루즈와 동일하다.

이용 안내

◆위치: 리버시티 앞 씨파야 선착장 ◆주소: 123-125 Soi Charoennakhorn 13, Charoennakhorn Rd., Klongtonsai, Klong San, Bangkok ◆운영시간: 19:30~21:30 ◆전화번호: 02-861-0255 ◆홈페이지: www.grandpearlcruise.com

리버사이드 크루즈(Riverside Cruise)

대부분의 디너크루즈가 남쪽에서 북쪽으로 운행되는 것과 달리 리버사이드 호텔에서 출발해 북쪽에서 남쪽으로 운행된다. 태국 현지인들이 더 많이 이용하는 크루즈로 뷔페식이 아니라 직접 원하는 음식을 주문해야 한다. 주로 해산물과 태국 음식들을 요리해주는데, 직접 예약하는 불편함 때문에 여행자들의 이용은 드문 편이다. 현지인들과 어울린다는 색다름 때문에 이용객들이 늘고 있지만, 기대에는 못 미친다는 평도 적지 않다.

이용 안내

◆ 위치: 리버사이드 호텔, 크룽톤 다리 서쪽 강변 톤부리 방향, 수상보트 상히 선착장(Tha Shanghee) 남쪽 ◆ 운영시간: 19:30~21:30 ◆ 전화번호: 02-883-1588 ◆ 홈페이지: www.riversidebangkok.com

넷째 날,
하루의 일탈을 누려라,
방콕 외곽 투어

방콕은 다른 도시들과 달리 관광과 휴식을 겸할 수 있다는 특징을 가지고 있다. 좋은 호텔에서 묵게 되면 시설 좋은 곳에서 편안한 휴식을 취하거나 호텔 수영장에서 물놀이를 즐기며 반나절을 보낼 수 있다. 또한 시내 중심가에서는 규모 있는 마사지 숍에서 저렴한 가격에 여행의 피로를 풀 수도 있다. 그래서 방콕 여행자들은 일정에 호텔 휴식을 넣고 남는 시간에는 외곽으로 반나절 투어를 떠나고고 한다. 넷째 날에는 방콕 외곽 투어를 경험한 뒤 충분한 휴식을 취해보자.

일정 한눈에 보기

매끌롱 시장 담넌사두악 수상시장

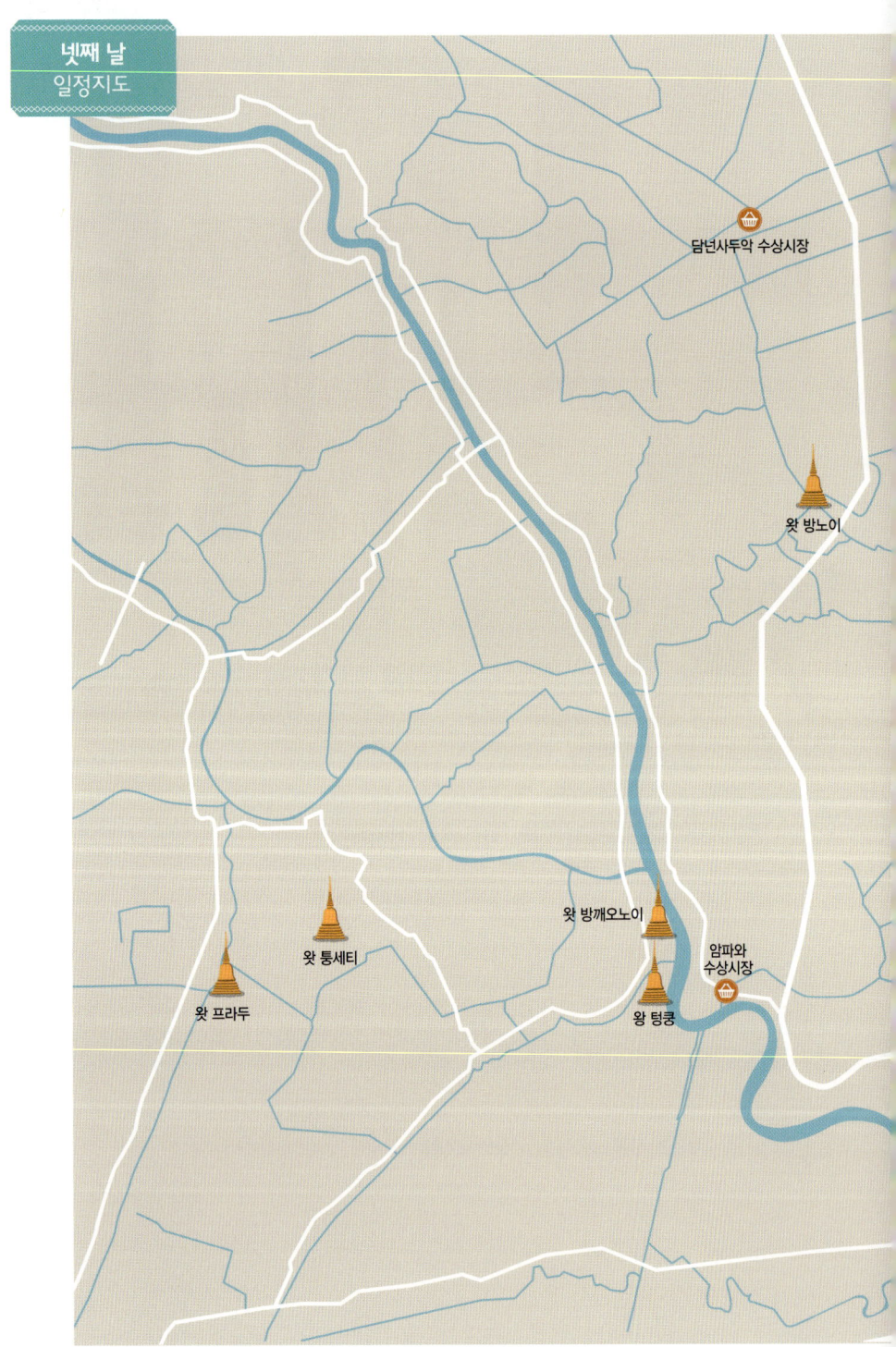

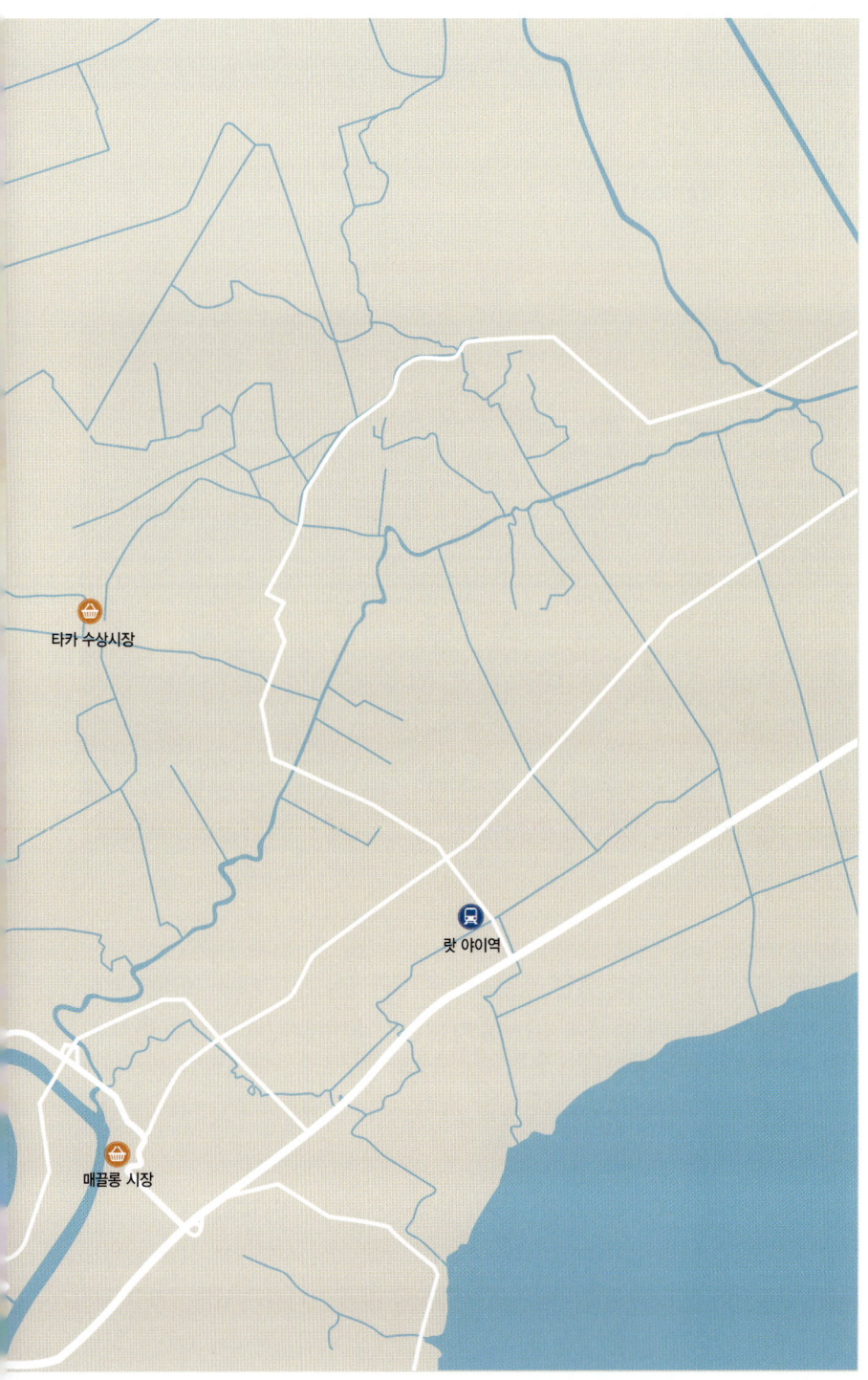

전 세계에서 가장 위험천만한 시장,
매끌롱 시장
Mae Klong Market

매끌롱은 매끌롱 강을 끼고 있는 작은 도시로, 방콕에서 서쪽 70km 지점에 위치하고 있다. 방콕에서 꽤 먼 곳에 있는 이 작은 도시가 여행자들의 주목을 받기 시작한 것은 세계에서 가장 위험한 시장으로 매스컴에 소개되면서 유명해졌기 때문이다. 매끌롱역을 지나는 기찻길 양 옆으로 길게 늘어선 시장은 우리 주변에 흔히 보이는 시장들처럼 평범해보인다. 하지만 이 시장이 다른 시장과 확연하게 다른 점은 실제 기차가 다니는 철로변에 시장이 형성되어 있다는 점이다.

실제로 기차는 하루 4차례 선로 위를 지나다닌다. 기차가 다니는 선로 위에도 물건이 진열되어 있고, 햇빛을 가리고자 차광막을 길게 드리워 놓았다. 그러다 보니 기차가 지나다닐 시간이 되면 놀라운 일이 벌어진다. 철로변에서 좌판을 펴놓

고 장사하던 상인들이 일사분란하게 움직이기 시작한다. 빠르게 차광막을 접고 철로 주변에 진열된 좌판들은 안전선 안으로 밀어 놓는다. 기차가 지나갈 수 있게 신속하게 정리해놓은 철로 위의 좁은 공간으로 실제 운행하는 기차가 천천히 통과한다. 그리고 기차가 지나가는 꼬리 부분부터 차광막이 내려오고 좌판이 철로변으로 다시 자리를 잡기 시작한다. 짧은 순간에 이 신속한 행동들이 눈앞에서 벌어지는 데도 믿어지지 않아 몇 번이나 다시 보고는 한다.

매끌롱 시장은 암파와 수상시장(Amphawa Floating Market)과 가깝다 보니 수상시장의 인기에 힘입어 더 많은 여행자들의 발길을 이곳으로 이끌었다. 그래서 이제는 하나의 관광지로 당당히 자리를 잡았다. 현재 매끌롱 시장 투어는 담넌사두악 수상시장(Damneon Saduak Floating Market)과 패키지 상품으로 현지 여행사에서 판매중이다.

이용 안내

◆ **주소:** Kasem Sukhum Rd., Mae Klong, Mueang Samut Songkhram District, Samut Songkhram

    군산을 여행하던 길이었다. 경운동이라는 곳에서 충격을 받은 적이 있다. 사람이 살고 있는 가정집 바로 옆으로 기차가 아슬아슬하게 지나갔다. 문을 열면 철길이었고 손을 뻗으면 닿을 만큼 아주 가까운 곳에 기차가 지나다녀서 조금은 충격적이었다. 그런데 매끌롱 시장은 거기서 한 걸음 더 나아간다. 버젓이 기차가 지나다니는 철길 위에 좌판을 펴고 거기서 물건을 팔고 있었다. 하나의 시장이 형성되는 것이다. 언뜻 보면 좁은 통로 주변으로 상인들이 자리를 잡은 시장처럼 보인다. 하지만 그곳은 아직도 기차가 지나다니는 철길 위였고, 조금 느리기는 하지만 하루에 4번씩 열차가 오가고 있었다. 기차가 지나가는 시간이 되면 상인들은 일사불란하게 좌판을 접었다. 마치 그곳에는 처음부터 시장이 없었던 것처럼 시장은 사라지고 철길이 드러났다. 그러다 기차가 그곳을 천천히 통과하면 기차의 동선에 따라 다시 좌판이 기계적으로 펼쳐졌다. 매우 위험해보였는데도 상인들은 별일 없다는 듯 여느 때처럼 자신의 일에 열중하고 있었다. 시장 좌판이 철길 위에 펼쳐져 있고, 그 철길이 지금도 기차가 다니는 곳이라는 이 아슬아슬한 상황이 시장을 매력적인 공간으로 만든다. 삶에 대한 인간의 강인한 의지를 엿볼 수 있기 때문이다.

물 위에서 모든 것을 살 수 있는 시장,
담넌사두악 수상시장
Damnoen Saduak Floating Market

방콕 인근에서 가장 큰 수상시장으로, 100년 이상의 역사를 간직한 톤 켐 시장(Thalat Ton Khem)을 모태로 하고 있다. 방콕에서 서쪽으로 104km 정도 떨어진 곳에 있는데, 카오산로드에서 차량으로 이동할 경우 2시간가량이 소요된다.

수상시장은 이 근처에 사는 주민들의 생필품 판매를 목적으로 형성되었다. 그러다 보니 주로 새벽시간에 거래가 이루어졌고, 가장 활발한 모습을 볼 수 있는 것도 그 즈음이었다. 하지만 육상 교통이 발달하고 수로들이 조금씩 줄어들면서 수상시장의 규모도 점점 축소되었다. 그러다가 다양한 매체를 통해 수상시장이 소개되면서 관광객들이 자주 찾는 관광지가 되었다. 지금은 방콕에서 출발한 관광객들이 몰려들기 시작하는 오전 8~10시 사이에 가장 활발한 모습을 볼 수 있으며, 점심

무렵까지도 장터의 북적거림은 멈추지 않는다.

　방콕 남부 터미널에서 이곳으로 오는 에어컨 버스를 타거나 여러 가지 교통편을 이용해 개인적으로 찾아올 수도 있지만, 여행사의 패키지 프로그램을 이용하는 편이 낫다. 한인 여행사들의 투어 프로그램을 신청해야 돈과 시간을 절약할 수 있다. 대개 투어 프로그램은 가장 활발한 모습을 볼 수 있는 시간을 맞추기 위해 아침에 일찍 출발한다.

이용 안내

◆ 주소: Damnoen Saduak District, Ratchaburi　◆ 영업시간: 06:00~16:00

> **Tip**
>
> 홍익여행사, 동대문여행사, 더 아시아, 몽키트래블 등에서 매끌롱 시장과 담넌사두악 수상시장을 둘러보고 시내로 돌아오는 반나절 투어와 인근의 다른 관광지를 묶어서 한꺼번에 돌아보고 오는 종일 투어를 진행하고 있다. 최근에는 담넌사두악 수상시장과 로즈 가든 또는 악어농장과 코끼리 쇼를 볼 수 있는 삼프란 동물원 등을 하나로 묶어 아침에 출발해 저녁에 도심으로 돌아오는 종일 상품이 인기다. 일찍 도심으로 돌아와 시내 쇼핑몰에서 좀더 시간을 보내고 싶거나, 호텔에서 여유로운 오후 시간을 보내고 싶다면 반나절 투어만 신청해도 된다. 주의할 것은 일정 인원이 모이면 출발하는 상품이다 보니 원하는 날짜에 출발하는 상품이 있는지 미리 확인해야 한다.

　　대단한 볼거리는 아니지만 태국의 수상시장이 누리는 인기는 여전하다. 작은 배를 타고 강을 거슬러 오르다 보면 음료를 파는 작은 배들이 바짝 다가온다. 그리고 천변을 따라 기념품을 파는 가게들과 만나게 된다. 물 위를 자유롭게 움직이는 상인은 시장을 찾은 손님에게 과일이나 간단한 요깃거리를 만들어 팔기도 한다. 물 위에서 긴 작대기로 물건을 건네는 상인과 흥정하는 관광객이 시장에서 하나의 풍경이 된다. 특히 이곳 상인들이 살아가는 삶의 방식은 관광객들에게 묘한 호기심을 불러 일으키면서 수상시장으로 많은 사람을 모으고 있다.

　　지금은 명성을 얻은 덕에 인공으로 만들어진 수상시장도 즐비하다. 하지만 오래전부터 그렇게 살았던 사람들이 만들어가고 있는 담넌사두악 수상시장은 그들이 살아왔던 삶의 냄새를 맡을 수 있어서 조금은 더 정감이 간다.

또 다른 수상시장, 암파와 수상시장(Amphawa Floating Market)

암파와 수상시장은 담넌사두악 수상시장과 함께 방콕 여행자들에게 사랑받고 있는 또 하나의 수상시장으로 방콕 남서쪽 80km 지점에 위치하고 있다. 담넌사두악 수상시장이 관광객들에게 인기를 끄는 시장이라면, 암파와 수상시장은 현지인에게 사랑받는 시장이다. 그러다 보니 시장 풍경뿐만 아니라 운하 마을의 운치도 함께 느낄 수 있다. 하지만 이곳도 입소문을 타면서 주말에는 도심에서 쏟아져 나온 여행자들로 발 디딜 틈이 없다.

담넌사두악 수상시장과 마찬가지로 개별적으로 찾아가는 것보다 여행사 투어 프로그램을 이용하는 게 시간과 비용 모두를 절약할 수 있는 방법이다. 그래도 굳이 개별 여행을 고집한다면 방콕 남부 터미널에서 암파와 수상시장으로 오는 미니밴을 타면 된다. 남부 터미널에서 암파와 수상시장까지는 1시간 30분이 소요된다. 일반적으로 암파와 수상시장 투어는 어둠이 내리면 1시간 30분가량 운하를 떠다니며 반딧불이를 감상할 수 있는 상품과 함께 운영된다. 그러다 보니 도심에서 오후 시간에 출발하는 상품이 일반적이고, 주말에만 문을 여는 시장 특성에 맞춰 금·토·일요일에만 운영한다.

영업시간: 금~일 12:00~20:00(월~목 휴무)

방콕, 무엇을 먹을까?

지역 음식으로 맛보는 방콕 현지 분위기,
수다 레스토랑
Suda Restaurants

지역 음식을 파는 태국의 식당 가운데서도 꽤 유명한 곳이다. 깔끔하거나 화려한 식당과는 거리가 멀지만 번화한 도심 한복판에서 방콕 분위기를 날 것 그대로 느낄 수 있어서 꾸준한 인기를 얻고 있다. 에어컨이 있는 고급스러운 식당을 생각했다면 조금은 실망할 수도 있다. 천장에 달린 선풍기 몇 대가 힘겹게 더위를 밀어내고, 길거리에 의자를 놓으면 그대로 식탁이 되는, 서울의 번화한 거리 뒷골목에서 자연스럽게 볼 수 있는 구조를 하고 있다.

현지인들 이상으로 인근 사무실에 근무하는 외국인들과 여행자들에게도 사랑받는 이 집은 파파야를 얇게 썰어 생선과 게, 새우와 땅콩 등을 넣어 버무린 솜땀이 가장 인기가 많다. 한 젓가락 가득 입안에 넣는 순간 무채를 먹는 느낌이 들어 한

망고 주스와 땡모반

쏨땀

팟팍루암 까이(닭고기 야채 볶음)

꿍옵운센(새우 당면 볶음)

국인의 입맛에도 대체로 잘 맞는 편이다. 게다가 쏨땀 속에 들어간 소스가 까나리 액젓과 비슷한 맛이라 우리나라의 김치와 같은 느낌이 든다. 쏨땀 외에도 볶음밥 종류와 팟타이 등도 파는데 먹을 만하다. 아쉬운 것은 최근 유명세를 타면서 가격이 올랐고, 생각만큼 깨끗하지는 않다는 점이다. 아속역 4번 출구로 나가서 직진하다 만나는 첫 골목으로 들어가면 바로 만날 수 있다.

이용 안내

◆ **주소**: 6 Sukhumvit Rd., Khlong Toei, Bangkok ◆ **영업시간**: 11:00~23:00(일요일 휴무)

PART 3

역사가 충만한 방콕 근교 여행, 어디가 좋을까

화려했던 역사의 증언자가 된 세계 문화유산,
아유타야
Ayutthaya

방콕에서 약 2시간 정도 떨어진 곳에 위치한 아유타야는 417년간 태국에서 가장 번성했던 왕국으로 정식 명칭은 '프라나콘 시 아유타야(Phra Nakhon Si Ayutthaya)'다. 우텅왕이 1350년에 건설해서 번성하는 시기를 보냈지만, 1767년 미얀마의 침입으로 도시가 파괴되는 아픔을 겪는다. 아유타야는 33명의 왕을 배출하며 왕국의 면모를 이어가던 도시였기에 왕궁 3곳을 비롯해 사원 375개, 요새 29개, 대문이 94개에 이를 만큼 수많은 흔적들이 곳곳에 남아 있다. 그러다 보니 수많은 여행자들의 고도의 흔적으로 좇아 이곳을 찾아온다.

한 포르투갈의 모험가가 '세계 무역의 중심지'라고 일컬을 만큼 큰 도시였던 아유타야는 태국과 서양의 접촉이 처음으로 이뤄졌던 곳이기도 하다. 1991년 유네스

코 세계 문화유산으로 지정된 아유타야에 방문하면 화려했던 과거뿐만 아니라 쇠락한 현재, 태국 고유의 문화와 이국적인 흔적들을 골고루 발견할 수 있다.

이용 안내

◆ 주소: Phra Nakhon Si Ayutthaya District, Phra Nakhon Si Ayutthaya ◆ 운영시간: 08:00~17:00 ◆ 홈페이지. ayutthaya-history.com

느낌 한마디

잘린 불상의 머리가 나뭇가지에 갇혀있는 사진 한 장으로 아유타야를 왔다는 사람을 종종 만나고는 한다. 그리고 그 사진의 현장이 캄보디아인 줄 알았다는 사람도 자주 만난다. 물론 동남아시아 일대를 여행하다 보면 비슷한 풍경과 고만고만한 장면들을 볼 수 있다. 하지만 아유타야는 그런 비슷비슷한 이미지와는 분명 다르다. 땅거미가 내리기 시작하는 저녁 시간에 폐사지를 방문했을 때에는 을씨년스러움을 느낄 수 있기 때문이다. 화려했던 옛 영화는 사라지고 전쟁이 남긴 상흔만 가득한 유적들을 돌아보다 보면 왠지 모를 쓸쓸함이 느껴진다. 그래서 아유타야는 어둑어둑한 저녁 시간에 찾아가는 것이 좋다. 아직은 한국어로 안내를 해주는 가이드가 없어 안타깝지만, 방문하기 전에 이곳에 대해 조금만 공부하고 준비하면 아유타야의 더 깊은 속살과 만날 수 있을 것이다.

아유타야 한눈에 보기

아유타야
어떻게 즐겨볼까?

왓 프라 시 산펫(Wat Phra Si Sanphet)

아유타야에서 가장 큰 규모를 자랑하는 사원으로, 왕궁 사원인 왓 프라깨오와 함께 태국에서 가장 중요하게 여겨지는 곳이다. 예전에는 왓 프라 시 산펫이 있었다고 전해지는 곳이다. 또한 이곳에 높이 16m, 무게 170kg의 초대형 불상이 금을 두른 채 우뚝 서 있었지만 미얀마의 공격으로 녹아버려 지금은 그 흔적조차 발견할 수 없다. 아유타야가 수도였던 시절부터 100여 년간 왕궁의 역할을 대신했지만, 수도가 방콕으로 이전한 뒤에는 지금의 모습으로 남게 되었다.

운영시간: 08:00~18:00 입장료: 50B

왓 몽콘 보핏(Wat Mongkhon Bophit)

우리나라의 덕수궁 돌담길처럼 연인과 함께 가면 헤어진다는 곳이다. 15세기에 만든 대형 청동불상인 프라 몽콘 보핏(Phra Mongkhon Bophit)을 모시고 있는데, 이곳 역시 미얀마의 공격으로 파괴되었다. 그러다가 1956년 미얀마가 보상의 의미로 기부금을 보내와서 현재의 모습으로 복원했다.

운영시간: 08:30~18:30   입장료: 무료

탈랏 차오 프롬(Talat Chao Phrom)

나레수언로드(Thanon Naresuan) 오른쪽 끝자락에 자리한 재래시장이다. 야채와 과일 등을 비롯한 다양한 생필품을 판매한다. 시장 안쪽에는 현지인들이 주로 찾는 식당도 꽤 있다. 평일에도 많은 이들이 찾는 곳이지만 좀더 활기찬 분위기의 시장을 느끼고 싶다면 주말에 방문해보자. 주말마다 발을 딛기 힘들 정도로 많은 이들이 이곳을 찾아 축제를 보는 듯하다.

영업시간: 08:00~18:00

왓 마하 탓(Wat Maha That)

방콕에서 중요하게 여겨지는 왓 마하 탓은 14세기경에 세워진 사원으로, 치쿤로드(Thanon Chee Kun)와 나레수언 로드의 교차로에 있다. 왓 마하 탓 곳곳에는 머리가 잘려나간 불상, 머리만 남은 불상 등이 나뒹굴어 참혹한 과거를 암시하는 듯한 느낌을 준다. 특히 잘려나간 머리가 나무뿌리에 감긴 불상은 묻혀버린 세월을 대변하는 듯하다. 1956년 태국 정부가 아유타야의 파괴된 유적을 재건하기로 했을 때 이곳에서 금불상 몇 점과 금, 루비, 크리스털로 만든 장식품들이 들어 있는 상자가 발견되었고, 그 유품들은 현재 방콕에 있는 국립 박물관에서 전시되고 있다.

운영시간: 08:00~17:00　입장료: 50B

왓 야이 차이몽콘(Wat Yai Chaimongkhon)

우텅왕이 스리랑카 유학을 마치고 돌아와 세운 사원으로, 승려들의 명상 공간으로 활용했다. 거대한 와불과 체디로 유명하며, 미얀마와 전쟁할 때 나레수언왕은 코끼리를 타고 전쟁에 나가 미얀마의 왕자를 죽이고 승리했다. 이를 기념하는 의미에서 대형 체디를 만들었다. '왓 차오 프라야 타이(Wat Chao Phraya Thai)'라고도 불린다.

운영시간: 08:00~17:00　전화번호: 03-524-3445　입장료: 20B　홈페이지: watyaichaimongkol.net

왓 로까야 수타람(Wat Lokaya Sutharam)
42m의 와불상 덕분에 유명해진 사원으로, 왓 라캉(Wat Rakhang)과 왓 워라쳇타람(Wat Worachettharam)을 친구로 두고 있다. 아유타야 왕궁 뒤편으로 800m 떨어진 곳에 위치하고 있다.

왓 프라람(Wat Phra Ram)
라메수안왕이 그의 아버지인 우텅왕의 유골을 화장하기 위해 만든 사원으로, 아유타야 왕궁 동남부에 있다. 사원 앞에는 작은 연못이 있어 '프라람'이라는 이름이 붙었는데, 지금도 연못이 남아 있다.

운영시간: 24시간   입장료: 무료

운영시간: 08:00~17:00   입장료: 50B

참혹한 전쟁이 남긴 기록이자 상흔의 도시,

깐짜나부리
Kanchanaburi

'깐짜나부리'라는 도시 이름보다 '콰이 강의 다리'가 더 유명한 도시다. 상당수의 관광객들은 전쟁이 부른 참혹한 상처의 흔적과 영화를 통해 유명해진 콰이 강의 다리 유적들을 보기 위해 일부러 이곳을 찾아온다.

이처럼 깐짜나부리는 제2차 세계대전의 아픔을 간직한 도시이기도 하지만 폭포와 동굴, 강과 산악 지형이 만들어낸 수려한 자연환경으로 사이욕·에라완 등 국립공원이 5곳이나 있는 아름다운 곳이다. 그러다 보니 방콕에서 가까운 휴양도시로 각광받고 있다. 이곳을 방문하는 사람들의 상당수는 방콕에서 당일치기 여행으로 찾아오는 여행자들이지만, 차분한 여행을 즐기려는 유럽인 관광객들의 방문도 꾸준히 이어지고 있다.

이용 안내

◆ 홈페이지: www.kanchanaburi.co/th

방콕은 일주일 이상 머물게 되는 경우가 많다. 저렴한 물가와 카오산로드의 자유로움은 짧은 방콕 여행에 아쉬움을 남기게 되고, 또다시 방콕행을 부추기게 된다. 짧은 일정으로 방콕에 머문다면 시내를 둘러보는 일정만으로도 하루가 부족하다. 많이 걸어야 하는데다, 무더위가 사람을 지치게 만들기 때문이다. 깐짜나부리는 짧은 일정을 쪼개 무리하게 둘러보기엔 아쉬움이 남는 곳이다. 영화가 보여준 장면의 기억만으로 찾았다가는 실망할 수도 있다. 그러다 보니 깐짜나부리 일정은 방콕이 식상해졌을 때, 방콕과 다른 태국을 보고 싶은 즈음, 일부러 시간을 내서 찾아가기에 좋은 곳이다. 사나흘만 머물다 가는 단기 여행자라면 방콕에 더욱 집중하는 게 좋다.

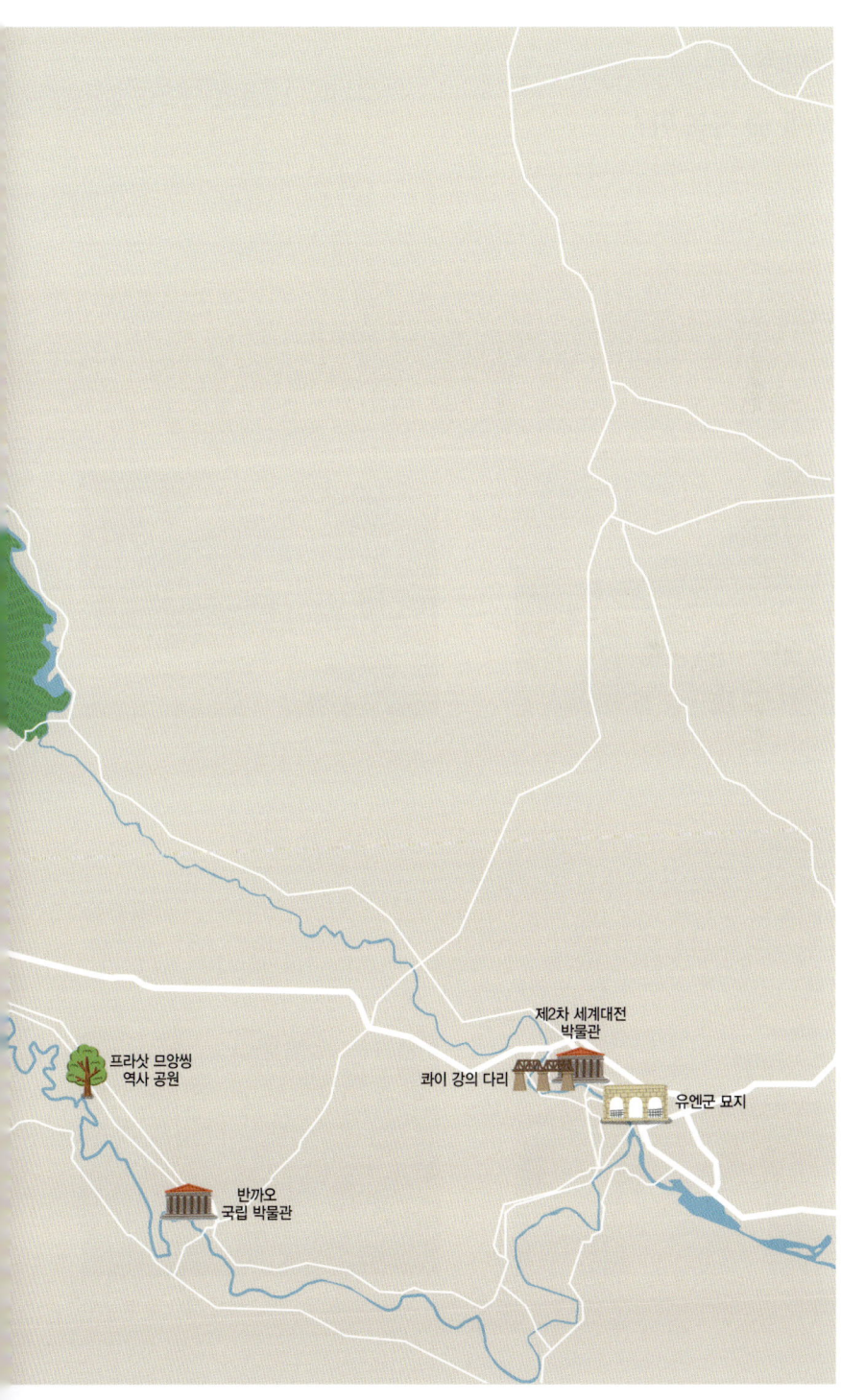

깐짜나부리
어떻게 즐겨볼까?

죽음의 철도(Death Railway)
일본의 잔학상을 증명하는 자료가 된 공간이다. 일본이 아시아 서부 지역을 차지하고자 건설한 철도로, 16개월간 6만 명의 연합군 포로와 20만 명 이상의 아시아 지역 노동자가 동원되어 완성되었다. 일본군은 전쟁이 막바지에 이르자 포로와 노동자들을 혹독하게 다루었고, 이 과정에서 연합군 포로 1만 6천 명과 노동자 10만 명이 목숨을 잃었다. 이들의 죽음을 기리는 의미에서 다리 이름을 '죽음의 철도'라고 지었다. 철도가 완성되고 20개월간 군수물자를 싣는 통로로 활용했지만 일본의 패망 이후 일부 구간은 제거된 뒤 여행자들을 위한 관광용 철도가 되었다. 2시간 30분 동안 천천히 이동하면서 콰이 노이(Kwai Noi) 강변의 풍광을 보여주는 철도는 위태로운 절벽을 따라 건설된 탐 끄라쌔 역을 지날 때 속도를 줄여 운행한다. 이때 여행자들은 창 밖으로 고개를 내밀고 바깥 풍경을 볼 수 있다.

유엔군 묘지(War Cemetery)
죽음의 철도를 만드는 과정에 사망한 전쟁 포로들의 시신을 모셔놓은 곳이다. 깐짜나부리에는 2곳의 유엔군 묘지가 있는데, 그 중에서 수산 송크람 던락(Susan Songkhram Don Rak)에 많은 관광객들이 몰린다. 죽음의 철도 공사는 일본군의 혹독한 감시 아래 진행된 힘든 공사로 엄청난 전쟁포로들이 사망했고, 이들 가운데 6,982구의 유해가 안치되어 있다. 묘지 부근에는 박물관을 겸한 세미나실, 도서관, 커피숍 등이 있다.

가는 방법: 제스 박물관에서 썽태우(트럭을 개조한 미니버스)로 5분 **주소:** 284/66 Sangchuto Rd., Tambon Ban Tai, Amphoe Mueang Kanchanaburi, Chang Wat Kanchanaburi **운영시간:** 08:00~18:00

제2차 세계대전 박물관(World War II Museum)

콰이 강의 다리 부근에서 개인이 운영하는 박물관으로 제2차 세계대전과 관련된 다양한 유물과 모형, 사진 자료 등을 전시하고 있다. 또한 이곳에는 아유타야 시대의 무기와 태국을 통치한 역대 왕들의 초상화를 함께 전시하고 있어서 '아트 갤러리 앤 전쟁 박물관(Art Gallery & War Museum)'으로도 불린다.

가는 방법: 유엔군 묘지에서 이정표를 따라 걸어서 10분 **운영시간:** 09:00~18:00 **전화번호:** 03-451-2596 **입장료:** 40B

콰이 강의 다리(Bridge On The River Kwai)

관광객들이 깐짜나부리를 찾아오는 이유라고 해도 될 만큼 유명한 곳이다. 태국에서 미얀마까지 415km를 연결하던 죽음의 철도에 속하는 한 구간으로 공사에는 수많은 전쟁포로들이 동원되었다. 처음에는 나무로 만들어진 목책교였지만 이후 철교로 바뀌었고, 전쟁중에 연합군의 폭격으로 파괴되었다가 종전 이후에 복원했다. 콰이 야이(Kwai Yai) 강 위에 놓인 이 다리를 배경으로 영화가 만들어지면서 유명해졌다.

가는 방법: 제2차 세계대전 박물관에서 걸어서 10분 **주소:** Tambon Tha Ma Kham, Amphoe Mueang Kanchanaburi, Chang Wat Kanchanaburi

헬 파이어 패스(Hell Fire Pass)

콰이 강의 다리를 비롯한 죽음의 철도 공사 구간 중 가장 어려웠던 구간으로 알려진 곳이다. 전쟁포로들은 철로를 빠르게 완공하기 위해 어두운 밤에도 횃불을 켜놓고 공사를 강행하는 등 24시간 강제 노동에 시달렸다. 이때 이들이 밝힌 불이 지옥불처럼 보여서 '헬 파이어 패스'라는 이름으로 불렸다. 좁은 길을 따라 관광을 하게 되는데, 길을 걷다 보면 끊어진 철도와 횃불을 꽂아둔 흔적을 쉽게 발견할 수 있다.

위치: 남똑역에서 북쪽으로 18km   **운영시간**: 09:00~18:00   **입장료**: 무료

사이욕 노이 폭포(Sai Yok Noi Waterfall)

자연 경관이 아름답다는 깐짜나부리의 여러 폭포 중에서 가장 많은 관광객이 방문하는 곳이다. 남똑역과 가까운 곳에 있어서 관광객들이 쉽게 방문할 수 있기 때문이다.

가는 방법: 남똑역에서 썽태우로 5분   **입장료**: 무료

영화로 만나는
태국

태국의 영화산업은 할리우드에서 영화를 공부한 파누판 유콘(Panupan Yukol) 왕자에 의해 번성한다. 이후 왕실의 든든한 지원 아래 영화산업은 급성장했지만, 정치적 격변기를 거치면서 어려움을 겪는다. 그러다가 1990년대 말에 논지 니미부트르(Nonzee Nimibutr) 감독과 펜엑 라타나루앙(Penek Ratanaruang) 감독 등 주목받는 신예 감독들이 등장하면서 태국 영화의 부활을 예고했다. 1999년 개봉된 니미부트르 감독의 영화 〈낭낙(Nang - Nak)〉이 당시 관객 동원에 성공했던 할리우드 영화 〈타이타닉(Titanic)〉의 기록을 넘어서고, 2000년 개봉된 용유스 통콘툰(Youngyooth Thongkonthun) 감독의 〈아이언 레이디(The Iron Ladies)〉가 그해 최고 흥행 기록을 수립하면서 태국 영화는 황금기를 맞았다. 우리나라에 태국 영화를 알린 대표작은 〈옹박〉이며, 이후 수많은 태국영화들이 우리나라 관객들을 만나게 되었다.

옹박 – 무에타이의 후예(Ong Bak: Muay Thai Warrior)

개봉: 2004년

감독: 프라챠 핀카엡

출연: 토니 자, 렁그라위 바이진다쿨, 페치타이 웡캄라오

무에타이를 영화에 접목시켜 액션의 진면목을 제대로 보여준 영화다. 그리고 컴퓨터 그래픽이나 특수 효과를 동원하지 않은 활극 영화로도 유명하다. 농푸라두 사원

에서 자란 고아 '팅'이 무에타이를 전수받아 최고의 격투사가 되는 과정과 도굴꾼이 훔쳐간 옹박 불상의 머리를 찾는 과정을 실감나는 액션으로 보여주면서 영화팬들의 격렬한 환영을 받았다. 그런데 우리나라에서 옹박이 크게 인기를 끌다 보니 시리즈가 아닌데도 <톰얌쿵>이라는 태국 영화가 <옹박-두 번째 미션>으로 국내에서 개봉되기도 했다. <옹박-무예타이의 후예>의 실제 속편은 우리나라에서 2009년 5월에 <옹박-더 레전드>라는 이름으로 개봉되었다. 3번째 속편인 <옹박-마지막 미션>이 2010년도에 제작되어 우리나라에서는 2011년 3월에 개봉했다.

셔터(Shutter)

개봉: 2005년

감독: 반종 피산다나쿤, 팍품 웡품

출연: 아난다 에버링햄, 나타위라눗 통미, 아치타 시카마나

진정한 공포가 무엇인지 알려준 태국 영화다. 교통사고를 낸 뒤 뺑소니를 친 25살의 사진작가 '턴'과 그의 여자친구 '제인'. 그들의 카메라에 등장하는 의문의 존재를 통해 귀신이 결코 낯설거나 먼 곳에 있는 게 아니라 지금 이 순간 내 곁에 함께 있으며, 언제 어느 순간이건 같이 있을 수 있음을 이야기한다. 할리우드 공포 영화에 익숙해 있던 관객들에게 신선한 충격을 안겨주었고, 태국은 물론 싱가포르 등 인근 국가에서 그해 최고의 흥행영화가 되면서 태국 공포 영화가 하나의 장르로 자리 잡았다.

샴(Alone)

개봉: 2007년

감독: 반종 피산다나쿤, 팍품 웡품

출연: 마샤 왓타나파니크, 라차누 분추총, 나모 퉁쿰네드

동남아시아에서 최고의 흥행 영화로 자리 잡았던 〈셔터〉의 기록을 단숨에 갈아치우면서 또 한 번 태국식 공포영화의 진면목을 보여주었다. 분리수술을 할 경우 1%만 생존한다는 샴쌍둥이로 태어나 영원히 함께하기를 다짐했지만, 성장하면서 서로의 다름을 깨닫고 분리수술을 감행하는 '핌'과 '플로이'. 하지만 분리수술 과정에서 한 명은 죽고, 한 명은 살아남는다. 이후 살아남은 핌 주변을 맴도는 플로이를 통해 진정한 공포가 무엇인지를 보여준다.

방콕 트래픽 러브 스토리(Bangkok Traffic Love Story)

개봉: 2009년

감독: 아디손 트리시리카셈

출연: 시린 호앙, 티라데이 웡푸아판, 찰레움폴 티쿰폰티라윙

방콕을 가고 싶게 만드는 영화로, 방콕의 대표적인 교통수단인 BTS이 개통된 지 10주년을 기념해서 만들어졌다. 영화에서는 방콕의 여러 관광명소와 송크란 축제 등 다양한 방콕의 일상이 소개된다. 특히 우리나라보다 더한 교통 정체를 보이는 방콕의 풍경과 그 안에서 노처녀의 일상이 아기자기한 러브스토리와 함께 녹아들어 있다. 대부분의 배경이 BTS이라서 방콕을 다녀온 사람들에게는 그리움으로, 아직 다녀오지 않은 사람들에게는 호기심으로 다가온다.

헬로 스트레인저(Hello Stranger)

개봉: 2010년

감독: 반종 피산다나쿤

출연: 찬타빗 다나세비, 능티다 소폰

태국에서의 한류를 반영하듯 95% 이상을 한국에서 촬영한 태국 로맨틱 코미디 영화다. 한국에 여행을 태국인 남녀가 태국과는 다른 문화에서 오는 다양한 상황들을 겪으면서 사랑이 싹터간다는 내용을 담고 있다. 태국 개봉 당시 2주 연속 1위를 했으며, 태국 전체 영화 가운데 3위를 했을 만큼 인기를 끌었다. 태국 사람의 시선에서 한국을 바라보는 장면을 통해 다른 나라에서 우리나라를 어떻게 보는지 간접적으로 알 수 있는 영화다.

잔다라 - 더 비기닝(Jan Dara: The Beginning)

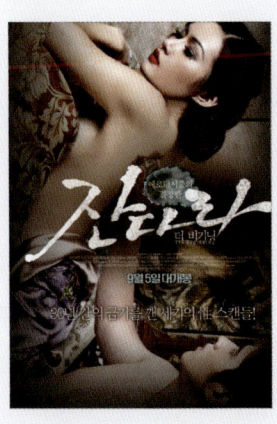

개봉: 2013년

감독: M.L.반데바노프 데바쿤

출연: 마리오 마우러, 야야잉 라타 퐁남, 봉코이 콩말라이

적나라한 성적 묘사로 30여 년간 판매 금지되었던 소설『잔다라(The story of Jan Darra)』를 스크린으로 옮겨 화제가 된 영화다. 소설은 당시 사람들이 쉽게 접하지 못한 파격적인 소재와 성적 표현 때문에 판매가 금지되었다. 실제로 벌어진 사건을 기반으로 해서 놀라움과 충격을 동시에 안겨주기도 한다. "잔다라만큼 사회적 문제를 잘 반영한 태국 소설은 없다."라고 주장한 M.L.반데바노프 데바쿤 감독에 의해 스크린에 옮겨졌다. 영화는 소설만큼이나 파격적인 영상미를 선보이며 인기를 얻었고 이후, 속편이 만들어지면서 또 한 번 화제가 되기도 했다.

`interview`

『처음 방콕에 가는 사람이 가장 알고 싶은 것들』 저자와의 인터뷰

Q 『처음 방콕에 가는 사람이 가장 알고 싶은 것들』을 소개해주시고, 이 책을 통해 독자들에게 전하고 싶은 메시지가 무엇인지 말씀해주세요.

A 첫 여행지를 방콕으로 선택한 사람들은 축복을 받았다고 볼 수 있습니다. 여행자들의 천국으로 불리는 방콕에서 여행의 진정한 참맛을 느낄 수 있기 때문입니다. 이 책은 그렇게 낯선 여행지를 찾아가는 초보 여행자들에게 방콕의 속살을 온전히 보여주자는 의도에서 쓰이고 만들어졌습니다. 방콕은 여행자들의 마음을 한꺼번에 사로잡는, 매력이 가득한 여행지입니다. 구석구석 볼거리들로 가득하며, 대부분의 식당에서는 저렴하고 맛있는 먹을거리들을 팝니다. 낯섦에 대한 두려움을 버리고 방콕의 매력을 발견하려는 첫걸음을 내딛는 여러분께 이 책은 진정한 동반자가 될 것입니다.

Q 시중에는 수많은 방콕 관련 여행서들이 있습니다. 이 책은 유사 도서들과 어떤 차이점이 있나요?

A 방콕은 교통편이 좋지 않습니다. 도심은 정체가 극심하고 지상철(BTS)과 지하철(MRT)은 늘 사람들로 붐빕니다. 게다가 왕궁을 비롯해 꽤 많은 곳이 대중교통으로 찾아가기 쉽지 않으며, 차오프라야 강을 가로지르는 수상보트는 익숙해지기 전까지 쉽게 접근하기 어려운 교통수단이 되고는 합니다. 그러다 보면 자주 택시를 타게 되는데, 이 역시 만만치 않습니다. 원성이 자자한 바가지요금 때문에 택시를 타고 내릴 때마다 마음이 상하고는 합니다. 이 책은 그런 분들을 위해 목적지를 찾아가는 길을 사진과 함께 상세히 설명해놓았습니다. 또한 각 대중교통의 특징을 잡아내서 여행자의 목적과 편의에 부합하는 교통수단을 이용할 수 있도록 소개해놓았습니다.

Q '방콕'이라고 하면 태국의 수도이자 동남아시아의 작은 도시로 인식하는 사람들이 많습니다. 방콕이 어떤 도시인지 설명 부탁드립니다.

A 대부분의 여행자들이 방콕을 동남아시아의 작고 초라한 도시라고 생각합니다. 못 살고 가난한 나라라고 생각하고 조금은 우습게 생각하는 여행자들도 많습니다. 그러나 방콕에 첫발을 내딛는 순간 깜짝 놀라고는 합니다. 복잡한 도심과 거대한 고층빌딩, 휘황찬란한 쇼핑센터들이 즐비한 도심에서 서울과 비교해도 손색이 없을 만큼 발전한 방콕의 현주소를 발견하고 충격을 받는 것이지요. 살아 움직이는 역동적인 도시, 발전에 발전을 거듭하는 도시, 생동감이 넘치는 도시인 방콕은 언제나 여행자들에게 신선한 즐거움을 전해줍니다. 우리 모두가 열린 마음으로 방콕을 만나면 매번 새로운 모습을 볼 수 있으리라고 확언합니다.

Q 방콕을 "한 번도 안 가본 사람은 있어도 한 번만 다녀간 사람은 없다."라고 말하기도 합니다. 저자께서 생각하는 방콕 여행만의 매력은 무엇인가요?

A 저렴한 물가와 친절한 사람들이라고 대답드릴 수 있습니다. 우리 돈으로 2천~3천 원이면 가능한 다양한 한 끼 식사, 10만 원 안팎이면 구할 수 있는 시설 좋은 호텔, 1만 원만으로도 묵을 수 있는 게스트 하우스, 가난한 여행자라도 방콕에서는 먹고 자는 문제는 어렵지 않게 해결할 수 있습니다. 게다가 방콕 사람들의 미소가 가득한 얼굴은 여행자들의 닫힌 마음을 무장해제시킵니다. 스스럼없이 다가와 무엇이든 알려주려는 그들 덕분에 낯선 여행지에 대한 두려움이 사라지고는 합니다. 그런 친절을 경험하고 나면 자신도 모르는 사이에 방콕과 친구가 되고, 또다시 방콕을 찾게 되는 것이죠. 이러한 매력으로 한번 방콕에 발을 들인 사람은 끊을 수 없는 중독성에 빠져들게 됩니다.

Q 해외여행시 가장 걱정이 되는 부분이 바로 언어 문제입니다. 방콕을 여행하면서 언어적으로 도움을 받을 방법은 없는지 궁금합니다.

A 한 번도 다른 나라의 식민지가 된 적이 없는 방콕 현지인들의 얼굴에는 언제나 웃음이 넘칩니다. 구김살 없는 얼굴로 관광객을 맞이하며, 또 짧은 영어로 천천히 이야기를 해도 다 들어주니 그들과 대화를 나누다 보면 어려운 문제들은 쉽게 해결됩니다. 찾아가려는 목적지의 위치가 궁금하다면 지도에서 목적지를 가리키며 "익스큐즈 미!"만 외쳐도 그들은 스스럼없이 다가와 손짓 발짓 섞어가며 가는 방법을 안내해줄 것입니다. 요즘은 간단한 번역을 해주는 스마트폰 애플리케이션이 있어서 편리하기도 합니다. 미리 현지 유심칩을 구매하거나 한국에서 와이파이 기기를 대여해간다면 어디서나 애플리케이션을 사용할 수 있습니다.

Q 동남아시아 음식이 우리 입맛에 맞지 않아 고생하는 경우는 없나요? 또 방콕에서 한 번쯤은 꼭 먹어보아야 할 음식이 있다면 어떤 것이 있을까요?

A 아무래도 방콕은 향신료를 많이 쓰는 나라라서 냄새 때문에 고생을 하는 경우도 종종 있습니다. 그러나 워낙 많은 관광객이 찾는 도시이기 때문에 유명한 음식들은 부담 없이 먹을 수 있도록 향신료를 줄이거나 빼고 조리하는 경우가 많습니다. 다만 가끔 생각지도 못한 맛에 충격을 받을 때도 있습니다. 개인적으로는 푸드 코트에서 새로운 음식에 도전했다가 한 숟가락도 삼키지 못하고 뱉어낸 적도 있었습니다. 하지만 대부분의 음식이 한국인들의 입맛에 잘 맞습니다. 특히 솜땀이나 팟타이, 모닝글로리 등 우리에게 익숙한 맛을 가진 음식들은 어느 식당에서 시키더라도 평균 이상의 맛을 냅니다. 가장 실패를 많이 하는 것이 똠얌꿍입니다. 시큼함이 가게마다 다르고 맛이 큰 차이를 내다 보니 매장마다 호불호가 갈리고는 합니다.

Q 방콕 여행중 꼭 들러보아야 할 곳을 추천한다면 어디인가요? 몇 군데 소개 부탁드립니다.

A 사람들마다 의견이 분분한 곳이 왕궁입니다. 입장료가 비싸고 무더위가 극심한 곳이라서 꼭 들러야 한다는 사람과 갈 필요 없다는 사람으로 갈립니다. 한국을 방문하는 여행자들이 경복궁을 가듯 방콕을 방문하는 여행자들은 왕궁을 다녀가는 것이 당연한 코스로 되어 있지만, 결정은 여행자의 몫입니다. 하지만 왓포는 한 번쯤 가볼 만합니다. 태국 마사지가 시작한 곳이자 태국에서 가장 크고 오래된 사원으로, 거대한 와불을 볼 수 있는 곳입니다. 구석구석 아기자기한 볼거리들로 가득한 곳이라 왕궁을 가는 길에, 아니면 일부러라도 찾아가볼 만합니다. 아유타야 역시 꼭 한번 찾아가보라고 권하는 곳입니다. 아유타야에 가려고 방

콕을 왔다는 여행자들도 있을 정도로 유명한 곳으로, 나뭇가지에 휘감긴 그로테스크한 불두가 특히 유명합니다.

Q 방콕을 여행하시면서 재미있는 에피소드가 많았다고 들었습니다. 그 중 하나만 소개해주세요.

A 방콕을 여행한 사진을 인터넷에 올린 적이 있는데, 그 중 하나가 아유타야에서 찍은 나뭇가지에 휘감긴 불두 사진이었습니다. 그 사진 한 장을 보고 자기를 그곳에 데려다달라는 친한 선배가 있어 일부러 방콕을 간 적이 있습니다. 이후에도 그 사진 한 장 때문에 일부러 방콕을 찾아갔다는 여행자들을 여럿 만났습니다. 이처럼 방콕은 커뮤니티를 통해 여행자들을 만날 수 있는 공간들이 많습니다. 같은 시기에 방콕을 오는 여행자들과의 단톡방이 열리기도 하는데, 그들과 카톡으로 이야기를 나누다 보면 직접 만날 수 있는 자리가 만들어지기도 합니다. 어떤 때는 단톡방에 60여 명이나 몰려 복작댄 적도 있습니다. 혼자 방콕을 오는 여행자들이 많다 보니 밥을 같이 먹자거나 술 한 잔 하자는 여행자들도 있어 혼자라도 결코 외롭지 않은 곳입니다.

Q 아무리 발전했다고 해도 동남아시아 국가 여행을 할 때 가장 걱정되는 것이 치안 문제입니다. 방콕 여행시 조심해야 할 것이 있다면 말씀해주세요.

A 방콕은 우리나라만큼이나 치안 상황이 좋지만 어디서나 자신의 몸은 스스로 지켜야 합니다. 만면에 미소가 가득한 태국 사람들이지만 가끔은 돌변하는 경우가 있습니다. 택시를 타고 가던 여행자가 바가지요금에 항의하다가 곤경에 처했다는 후일담들을 인터넷이나 현지에서 만난 여행자들에게 종종 전해들을 수 있습니다. 왕궁 주변에서 다양한 방법으로 여행가들을 현혹시켜 돈을 뜯어내는 사기꾼들에게 당했다는

안타까운 사연도 자주 듣습니다. 최근에는 한국 여행자들을 상대로 술 한 잔 하자고 꼬드긴 뒤 폭력을 행사하고 돈을 갈취한 한국인이 구속되어 떠들썩하기도 했습니다. 낯선 도시에서 낯선 사람을 만날 때는 여럿이 함께 만나는 것이 좋으며, 혹시 모를 일을 대비할 필요가 있습니다.

Q 방콕을 여행할 여행자들에게 꼭 해주고 싶은 이야기가 있다면 알려주세요.

A 어디나 마찬가지겠지만 여행자들에게 가장 필요한 것은 열린 마음입니다. 어디를 가더라도 편견 없이 그곳의 문화를 만날 준비가 되어 있다면 여행은 좀더 즐거워질 것입니다. 그러나 가난하고 작은 동남아시아의 작은 도시라는 편견을 품고 방콕을 만난다면 온전한 방콕을 들여다보고 만나는 일은 불가능하죠. 여행자들을 만나면 환하게 웃어주는 그들의 미소를 배우고, 느릿느릿하지만 여유 있는 그들의 삶에서 기다림의 미학과 여유를 느끼며, 탁한 차오프라야 강이지만 그 안에서 이어지는 그들의 진한 삶을 만나보십시오. 그리고 바가지요금에 불쾌해하기보다 즐거운 마음으로 떠나왔으니 조금은 넉넉한 마음으로 즐기는 여유를 만끽한다면 기억에 남는 여행이 될 것입니다.

스마트폰에서 이 QR 코드를 읽으시면
저자 인터뷰 동영상을 보실 수 있습니다.

* 원앤원스타일(www.1n1books.com)에서 상단의 '미디어북스'를 클릭하시면 이 책에 대한 더욱 심층적인 내용을 담은 '저자 동영상'과 '원앤원스터디'를 무료로 보실 수 있습니다.
* 이 인터뷰 동영상 대본 내용을 다운로드받고 싶으시다면 원앤원스타일 홈페이지에 회원으로 가입하시면 됩니다. 홈페이지 상단의 '자료실-저자 동영상 대본'을 클릭하셔서 다운받으시면 됩니다.

★ 원앤원스타일은 독자의 꿈을 사랑합니다.

잊을 수 없는 내 생애 첫 싱가포르 여행
처음 하와이에 가는 사람이 가장 알고 싶은 것들
남기성 지음 | 값 16,000원

이 책은 하와이 여행의 핵심 정보만을 담아 5박 7일간의 일정을 제시한다. 오아후 섬을 지역별로 나누어 구성했고, 일러스트 지도를 일정별로 수록해 한눈에 여행 루트를 확인할 수 있도록 했다. 또한 하와이를 더욱 다채롭게 즐길 수 있도록 이웃섬인 빅아일랜드와 마우이 섬에 대한 정보와 휴대하기 편한 크기의 상세 지도를 제공하며, 하와이 현지 모습을 영상을 통해 미리 만나볼 수 있도록 QR코드를 삽입해 생동감을 더했다.

잊을 수 없는 내 생애 첫 싱가포르 여행
처음 싱가포르에 가는 사람이 가장 알고 싶은 것들
남기성 지음 | 값 15,000원

이 책은 '진짜' 싱가포르를 만나기 위한 3박 4일간의 일정을 소개한다. 해외여행이 처음이거나 싱가포르 여행이 처음인 사람들을 위해 싱가포르의 풍성한 볼거리, 먹거리, 즐길 거리들을 선별해 핵심 장소들로만 일정을 구성했다. 특히 이 책에서 제시한 여행 예산을 참고해 꼼꼼히 따져본 후 여행을 떠난다면 누구보다 알차고 저렴하게 싱가포르를 둘러볼 수 있을 것이다. 이 책을 따라 다채로운 멋을 지닌 싱가포르로 떠나보자.

잊을 수 없는 내 생애 첫 페루 여행
처음 페루에 가는 사람이 가장 알고 싶은 것들
남기성 지음 | 값 15,000원

이 책은 처음 페루 여행을 계획하는 사람들이 가장 알고 싶어하고, 가장 필요로 하는 것만을 정리해 7박 8일의 일정으로 구성한 여행정보서다. 페루는 대개 중남미로 통합해 소개하는데, 이 책은 다른 여행서와는 달리 페루만을 다루고 있어 더 세세한 정보를 제공한다. 저자는 짧은 시간 동안 페루를 보다 알차게 여행할 수 있도록 보석 같은 장소들만을 엄선해 담았다. 잉카제국의 찬란한 문화유산을 간직하고 있는 페루를 마음껏 즐겨보자.

잊을 수 없는 내 생애 첫 베이징 여행
처음 베이징에 가는 사람이 가장 알고 싶은 것들
하경아 지음 | 값 15,000원

3박 4일간의 베이징 자유여행을 위한 책이 나왔다. 여행 초보자를 위한 항공권 예매, 비자 발급 등 기본적인 정보부터 베이징에 도착해서 관광 명소에 어떻게 가는지, 가서 무엇을 보고, 무엇을 먹어야 하는지 하나하나 알려주며, 지하철 노선도를 중심으로 짜인 3박 4일간의 일정은 대중교통을 이용해 여행을 즐기려는 여행객들에게 최적의 루트를 제공한다. 중국의 수도 베이징에서 과거, 현재, 그리고 미래를 아우르는 여행을 즐겨보자.

One Concept, One Book

잊을 수 없는 내 생애 첫 오키나와 여행
처음 오키나와에 가는 사람이 가장 알고 싶은 것들
남기성 지음 | 값 15,000원

이 책은 오키나와를 처음 여행하는 사람들을 위한 3박 4일간의 일정을 담은 여행 정보서다. 지역별로 동선을 제시해 가장 효율적으로 오키나와를 여행할 수 있도록 했다. 정기 관광버스 및 렌터카에 대한 교통 정보와 꼭 먹어봐야 할 음식에 대한 정보도 꼼꼼히 실었다. 오키나와는 '동양의 하와이'라고 불릴 만큼 아름다운 경관을 자랑한다. 이 책에서 제시한 일정을 따라 태평양이 펼쳐진 에메랄드빛 오키나와를 마음껏 즐겨보자.

잊을 수 없는 내 생애 첫 크로아티아 여행
처음 크로아티아에 가는 사람이 가장 알고 싶은 것들
윤우석 지음 | 값 15,000원

크로아티아를 즐기기 위한 6박 7일간의 여행서인 이 책은 크로아티아를 여행하는 효율적인 일정과 함께 직항 노선이 없는 크로아티아 항공편을 예약하는 방법, 크로아티아 국내선을 이용하는 법, 아파트먼트와 같은 숙소를 구하는 방법 등 여행 초보자들이 꼭 알아야 할 정보들을 담았다. 여행을 계획하고 준비하는 방법부터 크로아티아 여행의 핵심 스케줄을 담은 이 책과 함께 아드리아 해의 보물 크로아티아 여행을 즐겨보자.

잊을 수 없는 내 생애 첫 홍콩 여행
처음 홍콩에 가는 사람이 가장 알고 싶은 것들
김민현 지음 | 값 15,000원

이 책은 홍콩을 처음 여행하는 사람이라도 아무 걱정 없이 따라 하면 되는 여행 지침서다. 홍콩의 구석구석을 효율적으로 둘러볼 수 있도록 지역별로 꼼꼼하게 일정을 짰다. 홍콩 여행에서 반드시 해야 할 것, 봐야 할 것, 먹어야 할 것을 좀더 수월하게 선택할 수 있도록 핵심적인 내용만을 담기 위해 노력했다. 이 책에 소개된 3박 4일의 일정을 그대로 따라가다 보면 홍콩의 매력을 제대로 느낄 수 있을 것이다.

잊을 수 없는 내 생애 첫 도쿄 여행
처음 도쿄에 가는 사람이 가장 알고 싶은 것들
남기성 지음 | 값 15,000원

이 책은 처음 도쿄를 여행하는 사람을 위한 최선의 일정을 제시한다. 효율적인 도쿄 여행을 위한 핵심 정보로만 구성한 3박 4일의 일정을 따라가보자. 하루하루 지역별로 꼼꼼하게 동선을 구성해 도쿄를 처음 방문했다고 하더라도 여행하는 데 불편함이 없도록 하는 데 노력을 기울였다. 또한 꼭 들러야 할 명소는 물론 교통 정보까지 수록되어 있어 도쿄 여행이 처음인 사람들을 위한 여행 입문서로 손색이 없다.

★ 원앤원스타일은 독자의 꿈을 사랑합니다.

잊을 수 없는 내 생애 첫 교토 여행
처음 교토에 가는 사람이 가장 알고 싶은 것들
정해경 지음 | 값 17,000원

이 책은 해외여행이 처음이거나 교토 여행이 처음인 사람들을 위한 책으로, 교토가 처음이라고 하더라도 불편함이 없는 여행이 되도록 구성했다. 교토를 가장 효율적으로 여행하기 위해 추천 일정별·지역별로 나누어 동선을 제시한다. 무엇보다 세계문화유산이 즐비한 교토는 아는 만큼 보이는 곳이기에 문화유산 답사에도 지장이 없도록 했고, 추천 일정에는 교토에서 꼭 먹어봐야 하는 음식들을 소개했다.

잊을 수 없는 내 생애 첫 쿠바 여행
처음 쿠바에 가는 사람이 가장 알고 싶은 것들
남기성 지음 | 값 15,000원

'지상 최대의 아름다운 낙원'이라고 칭송받는 쿠바! 이 책은 처음 쿠바에 가는 사람을 위한 최고의 여행 길라잡이다. 누구나 따라 하기 쉬우면서도 가장 효율적으로 쿠바를 여행할 수 있도록 핵심정보만 뽑아 6박 7일 일정으로 구성했다. 별다른 준비 없이 이 책만 펼쳐도 미처 알지 못했던 쿠바의 매력을 알게 됨과 동시에 여행에서 반드시 해야 할 것, 봐야 할 것, 먹어야 할 것에 대한 선택을 보다 분명히 내릴 수 있을 것이다.

잊을 수 없는 내 생애 첫 오사카 여행
처음 오사카에 가는 사람이 가장 알고 싶은 것들
정해경 지음 | 값 15,000원

가야 할 곳도 먹어야 할 것도 무척 많은 도시 오사카! 효율적이면서도 오사카를 제대로 여행할 수 있도록 핵심 정보 위주로 2박 3일 일정을 구성했다. 오사카를 지역별로 나누어 한눈에 쉽게 알아볼 수 있도록 했고, 시작점부터 도착점까지 루트를 지도에 표시해 두었기 때문에 일부러 시간을 들여 일정을 고민하고 세부 정보를 찾아야 하는 수고로움을 덜 수 있다.

잊을 수 없는 내 생애 첫 상하이 여행
처음 상하이에 가는 사람이 가장 알고 싶은 것들
하경아 지음 | 값 15,000원

짧게는 1박 2일, 길게는 4박 5일 동안 상하이의 구석구석을 도보로 누빌 수 있는 여행 안내서다. 상하이로 여행 간다면 반드시 먹어봐야 할 것, 봐야 할 것, 가야 할 곳을 엄선해 꼽았다. 저자가 직접 도보여행을 하며 시작점부터 도착점까지 지도로 표시했기 때문에 여행자의 시선에 맞춘 유용한 정보로 가득하다. 특히 테마별로 상하이를 둘러볼 수 있도록 일정을 묶어 여행하기에 편리하다.

One Concept, One Book

잊을 수 없는 내 생애 첫 대만 여행
처음 타이완에 가는 사람이 가장 알고 싶은 것들
정해경 지음 | 값 15,000원

해외여행 경험이 별로 없는 이들도 타이완으로 첫 해외여행을 떠날 수 있게 도와주는 여행정보서 『처음 타이완에 가는 사람이 가장 알고 싶은 것들』이 개정되어 출간되었다. 이 책과 항공권만 들면 누구나 자신감을 가지고 쉽게 타이완으로 떠날 수 있도록 완벽한 가이드를 제시한다. 또한 여행지의 역사부터 최근의 정보까지 빠뜨리지 않고 담고 있으며 직접 눈으로 보지 않더라도 생생하게 그릴 수 있을 만큼 현지의 느낌을 잘 살려냈다.

내 손의 온기를 느끼는 시간, 생텍쥐페리를 필사하다
생텍쥐페리, 인생을 쓰다
앙투안 드 생텍쥐페리 지음 | 정영훈 엮음 | 이선미 옮김 | 값 13,000원

불멸의 작가 생텍쥐페리의 걸작 『어린 왕자』, 『야간 비행』, 『인간의 대지』, 『성채』를 필사로 만나보자. 페이지마다 감성적인 사진과 함께 필사할 수 있는 여백을 따로 마련해두었으며, 각 작품에서 발췌한 글마다 제목을 달아 생텍쥐페리의 메시지를 더욱 쉽고 명확하게 전달하고자 했다. 생텍쥐페리의 글을 따라 적다 보면 행복하게 사는 것이 무엇인지, 어떻게 사는 것이 최선인지를 알게 될 것이다.

자전거 여행으로 행복해지는 데 반나절이면 된다
반나절이면 충분한 수도권 자전거 여행
김병훈 지음 | 값 14,000원

수도권이 여행하기에 각박한 곳이라는 생각은 버려라! 당일치기로 다녀올 수 있는 수도권 자전거 여행 26개 코스를 주제별로 소개한 이 책은 노약자나 자전거 초보자도 완주할 수 있는 코스부터 독특한 경관을 볼 수 있는 코스, 전철을 활용해 라이딩을 즐길 수 있는 코스까지 망라했다. 여행 팁과 맛집, 편의시설 등이 수록되어 있고 각 코스별 지도가 부록으로 제공되어 효율적이고 알찬 자전거 여행을 즐길 수 있다.

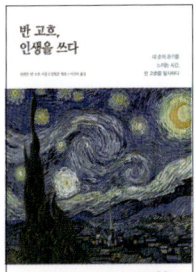

내 손의 온기를 느끼는 시간, 반 고흐를 필사하다
반 고흐, 인생을 쓰다
빈센트 반 고흐 지음 | 강현규 엮음 | 이선미 옮김 | 값 13,000원

반 고흐의 작품만큼 큰 감동을 선사하는 게 반 고흐의 편지다. 그의 편지는 한 인간으로서의 고뇌와 예술가로서의 갈등이 담긴 숭고한 메시지로, 그 중에서도 필사하기에 좋은 주옥 같은 내용을 엄선해 필사 책으로 엮었다. 중간 중간 반 고흐의 작품들도 함께 실어 필사의 즐거움을 더했다. 필사를 하면 할수록 인간적인, 너무나 인간적인 반 고흐의 편지에 마음속 깊이 감동하게 될 것이며, 삶에 대한 뜨거운 열정이 솟아날 것이다.

★ 원앤원스타일은 독자의 꿈을 사랑합니다.

마음에 새기는 긍정 한 줄
하루에 5번 긍정하면 인생이 행복해진다
강현규 엮음 | 값 13,000원

행복해지기로 결심한 그 순간 우리는 행복해질 수 있다. 52주 다이어리 형식으로 구성된 긍정노트에 하루 5번 행복했던 일들을 적어보자. 그날 하루 행복했던 일이 떠오르지 않는다면 이 책에 나온 긍정의 말과 명언을 필사해도 좋다. 잠자리에 들기 전 이 책을 펼쳐놓고 그날 하루 행복했던 일들을 찾아 하루에 5번만 써보자. 차곡차곡 쌓인 긍정의 말들이 당신의 일상을, 삶을 바라보는 당신의 시선을 더욱 행복하게 변화시킬 것이다.

마음에 새기는 감사 한 줄
하루에 5번 감사하면 인생이 달라진다
정영훈 엮음 | 값 13,000원

감사하기 가장 좋은 날은 바로 '오늘'이다. 52주 다이어리 형식으로 구성된 감사노트에 하루 5번 감사했던 일들을 적어보자. 그날 하루 감사한 일이 떠오르지 않는다면 이 책에 나온 감사의 말과 명언을 필사해도 좋다. 잠자리에 들기 전 이 책을 펼쳐놓고 그날 하루를 정리해보자. 하루를 반성할 수 있는 그 시간도 감사의 시간이 될 수 있다. 이 책과 함께 감사의 기적을 경험해보자.

내 손의 온기를 느끼는 시간, 이솝우화를 필사하다
살고, 사랑하고, 웃으라
이솝 지음 | 정영훈 엮음 | 이선미 옮김 | 값 13,000원

시공을 훌쩍 뛰어넘어 여전히 현대인에게 인생의 지혜를 선사하는 『이솝우화』를 필사하는 책이다. 이 책은 페이지마다 감성적인 사진과 함께 짧은 글을 싣고 반대편에는 필사할 수 있는 여백을 마련했기에, 펜 하나만 가지고 곧바로 필사의 세계로 빠져들 수 있다. 빠르게만 흘러가는 세상 속에서 느리게 읽는 필사의 즐거움을 느껴보자.

내 손의 온기를 느끼는 시간, 톨스토이를 필사하다
지금, 여기, 당신
레프 톨스토이 지음 | 강현규 엮음 | 이선미 옮김 | 값 13,000원

세계적인 대문호 톨스토이의 글을 필사하며 나를 돌아보고 싶다면 이 책을 펼쳐보자. 톨스토이가 직접 전하는 인생의 지혜를 톨스토이 특유의 짧고 간결한 문장으로 엮었다. 각 페이지마다 감성적인 사진과 함께 짧은 글을 싣고 한편에는 필사할 수 있는 여백을 마련했기에, 펜 하나와 이 책만 있다면 바로 필사의 세계로 빠져들게 될 것이다. 빠르게만 흘러가는 세상 속에서 느리게 읽는 필사의 즐거움을 느껴보자.

One Concept, One Book

농구전술에 대한 최고의 교과서!
농구를 좋아하는 사람이라면 꼭 알아야 할 농구전술
손대범 지음 | 값 16,000원

공격, 수비, 슛, 리바운드, 패스 등 다양한 농구전술에 대해 농구전문기자인 저자가 현장 경험을 바탕으로 이해하기 쉽게 써내려간 책이다. 전·현직 감독과 선수들을 비롯한 많은 이들을 인터뷰하고, 국내외를 누비며 직접 취재해 유용한 내용을 담은 이 책은 이른바 '농구 교과서'라고 불러도 손색이 없다. 다양한 농구용어를 친절히 설명하며, 경기를 보면서 궁금했을 법한 농구전술에 대해 알기 쉽게 이야기한다.

국내 최초의 전망대 여행 가이드북
한번쯤은 꼭 가봐야 할 한국의 전망대 여행
김병훈 지음 | 값 17,000원

이 책은 기존의 전망대뿐만 아니라 산봉우리나 언덕까지도 망라해 주변 경관이 아름답고, 맑은 날 먼 곳까지 보기에 좋은 한국의 전망대를 소개한다. 특히 그 중에서도 쉽고 편하게 갈 수 있는 곳으로 한정해, 산꼭대기라도 자동차로 최대한 진입할 수 있거나 걸어서 20분 이내에 갈 수 있는 56곳을 엄선했다. '국내 최초로 만나는 전망대 여행 가이드북'이라는 이제까지의 여행책들과는 다른 테마로 색다른 즐거움을 선사할 것이다.

의사와 약을 버리고 자연을 가까이하라!
의사가 환자를 만들고 약이 병을 키운다
박명희 지음 | 값 15,000원

이 책은 한국인의 건강양태를 바르게 안내할 건강실용서로, 현대인들이 병에 걸려 아파하는 원인을 인문과 예술, 과학을 포함해 교육·심리·자연·철학에 이르기까지 다양한 분야의 융합적 접근을 통해 이야기한다. 더불어 우리가 잘못 알고 있던 건강상식을 바로잡고, 서양인들의 기준에 맞춰진 서양 문물과 시스템에 얽매이기보다는 한국인에게 어울리는 자연건강법을 설명해주어 건강에 대한 관점을 새롭게 한다.

스마트폰에서 이 QR코드를 읽으면
도서목록과 바로 연결됩니다.

독자 여러분의 소중한 원고를 기다립니다

원앤원스타일은 독자 여러분의 소중한 원고를 기다리고 있습니다. 집필을 끝냈거나 혹은 집필중인 원고가 있으신 분은 khg0109@hanmail.net으로 원고의 간단한 기획의도와 개요, 연락처 등과 함께 보내주시면 최대한 빨리 검토한 후에 연락드리겠습니다. 머뭇거리지 마시고 언제라도 원앤원스타일의 문을 두드리시면 반갑게 맞이하겠습니다.